MW00940564

Rede[illegible] el Ministerio Infantil

DEL SIGLO 21

Becky Fischer

Redefiniendo el Ministerio de Niños en el Siglo Veintiuno
Derechos Reservados © 2005 por Becky Fischer
Traducción: Ana Lilia Zertuche de Ehrenstein
Corrección y revisión, Ma. Isabel Rubiés Costa
Formatos: Ana Lilia Zertuche Ehrenstein

1° Edición 2005
2° Edición 2009
3° Edición 2013

Distribuido por Kids in Ministry Internacional, Inc.
PO Box 549
Mandan, ND 58554, USA,
email: kidsinministry@yahoo.com
www.kidsinministry.org
Para información: USA 701-258-6786

A menos que se indique lo contrario, los pasajes bíblicos son tomados de la versión "Reina Valera Revisada 1960 y 2000

Reservados todos los derechos. Prohibida la reproducción total o parcial de esta obra, sin la debida autorización de la autora
Impreso en United States of America

Dedicatoria

Este libro está dedicado con mucho amor a la hermana Violeta Nichols. La hermana Vi, como acostumbrábamos llamarla, era la superintendente de la Escuela Dominical de la iglesia que mi padre pastoreaba, cuando yo aún era niña. También fue mi mentor desde los cinco hasta los catorce años. Ella decidió que como yo era la hija del pastor, era mi responsabilidad orar por la salvación y por el bautismo del Espíritu Santo de los niños nuevos que ella traía a la Iglesia, lo cual me convertía en la primera "niña con ministerio" que yo conociera. No tengo la menor idea de cuántos fueron los niños por los que oré bajo su liderazgo; tampoco teníamos la menor sospecha de que para ese tiempo ella estaba estableciendo en mí el fundamento para lo que hoy hago en el "Ministerio con Niños". Cuando cumplí los catorce años, partió a casa para estar con el Señor, mientras se encontraba arrodillada en el altar durante una Escuela Bíblica anual de verano que se llevaba a cabo para los niños del vecindario.

Contenido

Reconocimientos

El título de este libro, término que utilizo continuamente, no es originalmente mío. La primera vez que escuché el término "*Redefiniendo el Ministerio Infantil en el Siglo Veintiuno*", estaba leyendo un boletín publicado por Lenny LaGuardia, director del Centro de Capacitación para niños de *(IHOP) International House of Prayer (Casa Internacional de Oración)* en Kansas City, Missouri. Cuando escuché la frase por primera vez, capturó mi corazón y despertó mi imaginación. Desde entonces lo he estado utilizando porque expresa plenamente lo que llevo en mi corazón como visión para el cuerpo de Cristo. Lenny me dijo que había estado utilizando la frase durante muchos años. No es de sorprender, siendo él uno de los pioneros en esta área de entrenar niños en lo sobrenatural. Gracias, Lenny, por prestarme ese término para mi libro.

También agradezco sinceramente a Tim Carpenter, quien fue el editor de proyectos en Charisma Life Publishers, Daphne Kirk, autora de *Reconecting the Generations* (Reconectando las Generaciones), Esther Ilnisky, fundadora de Esther Network y autora de *Let the children pray –Dejen que los niños oren*, y a mis Pastores Alan y Carol Koch de Lee's Summit, Missouri, por dedicar parte de su valioso tiempo para leer en su totalidad mi manuscrito original y retro alimentarme con críticas constructivas y sugerencias para mejorarlo. Estos amigos son ministros maravillosos tanto de niños como de adultos, y sus perspectivas individuales fueron muy valiosas para el logro del producto terminado que tiene usted en sus manos.

Prefacio

La primera vez que Becky vino y ministró a nuestra Iglesia, enseñó a los niños acerca de la Gloria de Dios. El Espíritu Santo se movió de maneras maravillosas entre nuestros niños. Entre otras cosas hubo manifestaciones de polvo de oro que caía sobre ellos. Hubo niños que estuvieron postrados sobre su rostro clamando a Dios en oración e intensa lucha durante más de una hora después de que el servicio había terminado. Algunos padres tuvieron que levantar a sus hijos del piso para llevarlos a casa en brazos. Fue ahí donde nos dimos cuenta que lo que Becky estaba enseñando, y su visión de traer a los niños al ámbito sobrenatural de Dios, era algo muy real. Los días en que el franelógrafo era uno de los principales medios de enseñanza para los niños acerca de Dios ¡habían terminado! Y la participación de los niños en el ministerio ¡estaba anunciando un nuevo día!

Siempre hemos llevado a nuestros niños cada verano a uno de los mejores campamentos Cristianos del país. Podría muy bien compararse a una Disneylandia Cristiana, con toda la diversión, los juguetes y eventos emocionantes que se llevan a cabo en ese evento. Un un año en que los llevamos hasta Dakota del Norte a uno de los campamentos de Becky Fischer, donde el Espíritu Santo se movió de maneras profundas y poderosas. Después les dijimos a los niños que no podríamos asistir a los dos campamentos y que tendrían que escoger uno, y todos, sin vacilar dijeron: —¡Queremos ir de nuevo a Dakota del Norte! Prefirieron la presencia del Señor en lugar de los juguetes y la diversión.

Nos hemos relacionado con Becky desde el verano del año 2003. Hicimos "clic" al segundo, y fue una algo instantáneo de Dios. Lo sentimos en el mismo instante que entró a nuestra iglesia porque, aunque habíamos estado entrenando y enseñando a los niños previo a su venida, ¡no lo parecía! Becky tenía "algo" en si misma, que ayudó a catapultarlos a niveles más altos. Como resultado de esa conferencia para niños que pudimos capturar, mantener e implementar su visión en nuestro ministerio infantil. A través de los años habíamos organizado todo tipo de Escuelas Bíblicas de verano, pero nunca algo que impactara y cambiara la vida de nuestros niños como este ministerio, cuyo principal labor y fundamento es llevar a los niños al ámbito de lo sobrenatural. Como resultado del impacto, empezamos el grupo de oración de intercesión de niños de entre cinco y once años. Sigue siendo un grupo fuerte, y no sólo continúa, sino que ha llegado a niveles espirituales más elevados. Cada vez que los niños están con Becky y su ministerio, parece que penetran aún más profundamente en las cosas del Espíritu.

Recientemente vinieron niños de todo el país a nuestra Iglesia para asistir al evento *"Escuela de Sanidad para Niños*", impartido por Becky. Ella y su equipo enseñaron a los niños sobre los aspectos de la sanidad. Aunque los niños ya sabían mucho acerca del tema, una vez más alcanzaron niveles espirituales más altos. En la última noche de la conferencia, los niños comenzaron a ministrar mientras los adultos iban llegando. La gente sanaba por todas partes. Todos estaban sorprendidos porque eran los niños los que expresaban palabra de conocimiento y oraban por los enfermos. ¡Ésa es la meta! Queremos impulsar a los niños más allá de donde nosotros estamos. Lo que ha sido el techo (El nivel más alto) para nosotros, queremos que sea el piso (el inicio) para ellos.

Así que, el mensaje de este libro es muy real, y si lo toma en serio, va a aprender a impartir y a asesorar a la siguiente generación, que es lo que nuestras familias e iglesias necesitan. Los niños necesitan padres y madres espirituales que capaciten y levanten a la siguiente generación. Eso es de lo que trata este libro. Usamos los programas de "Kids in Ministry International" (KIMI) en nuestra Iglesia desde el departamento de cunas hasta el Ministerio Infantil, y, por experiencia, sabemos que funciona. Recomendamos ampliamente lo que Becky comparte en "***Redefiniendo el Ministerio Infantil en el Siglo Veintiuno***" porque sabemos que transformará a sus niños y el ministerio infantil.

Pastores Alan y Carol Koch.
Christ Triumphant Church.
Lee's Summit, MO.

Introducción

Toda la premisa y el tono de este libro es que tenemos una crisis en la ***igles***ia moderna y posmoderna de Jesucristo concerniente a ministrar a los niños. Muchas personas en el ministerio de niños ya lo saben. Pero una vez que *George Barna* y el *Grupo Barna* compartieron sus descubrimientos sobre el tema y pasaron la información a los líderes del mundo cristiano, se derramó una luz sorprendente sobre la situación. Ésta ha traído un nuevo interés en cuanto a cómo debemos llevar el ministerio a los más pequeños santos.

Barna publicó sus hallazgos en un libro titulado *Transforming Children into Spiritual Champions.* (Transformando a los niños en campeones espirituales). Si aún no lo ha leído, le recomiendo mucho que lo haga, y luego dele una copia a su pastor. Es una verdadera llamada de atención para el cuerpo de Cristo en lo que concierne a los niños. Antes de publicar ese libro, *Barna* escribió otro libro llamado *Real Teens* – (Adolescentes reales). Sería de gran beneficio que lo leyera también, ya que muestra a hacia dónde van los niños que están actualmente en nuestros ministerios, si no actuamos urgentemente y damos un giro dramático a la estrategia de la iglesia a nivel mundial. También nos permite ver el fruto, o la falta de éste, de lo que hemos producido en los niños que han pasado a través de las puertas de nuestros ministerios infantiles en los últimos años. Esta información nos debería de llevar a una seria reflexión.

El haber estado involucrada directamente en el ministerio infantil desde 1991, he observado de primera mano mucho de lo que comparte *Barna*, sobre todo en áreas donde él revela cosas como la cantidad de jovencitos de trece años que aún no saben lo que es la alabanza, ni la adoración; que nunca han sentido la presencia de Dios, o que hasta donde ellos saben, nunca han escuchado Su voz aún después de haber permanecido doce años bajo nuestra influencia. En otras palabras, Dios nunca ha sido real para ellos. No debería de sorprendernos que ellos no quieran continuar en la Iglesia o en una religión donde no hay vida o una relación con su Creador. Los niños tienen hambre de la vida sobrenatural que nosotros les contamos que existe, pero, si acaso la han visto, es en muy contadas excepciones.

Es, desde esta perspectiva que este libro ha sido escrito, basado en mi experiencia y en observación personal. Las ideas que aquí presento no son originalmente mías. Siempre hay un remanente de ministros infantiles que ha entrenado a los niños a caminar en el poder sobrenatural de Dios. La historia está llena de ejemplos de niños que han predicado, profetizado, orado, sanado a los enfermos, guiado avivamientos entre otras cosa smás. En los últimos veinticinco o treinta años ha habido un número creciente de niños que no sólo ministran, sino que creen y enseñan lo que aquí presento, y tienen historias mucho más emocionantes que las mías.

Han habido ministros tremendos como Helen Beason, Gwen Davis, Mark Harper, Lelonie Hibberd, Pete Hohman, Bobby y Ginger Hussey, Esther Ilnisky, Daphne Kirk. Lenny LaGuardia, Jane Mackie, Jeanie Medaras, John Tasch, David Walters y otros conocidos y desconocidos, son tantos que sería imposible mencionarlos; sin embargo ellos han preparado el camino. Han hecho una gran labor abriendo brechas al crear consciencia en la iglesia del mundo actual de la manera en que Dios quiere usar a los niños como colaboradores suyos en el ministerio, ellos ya han impactado la vida miles de niños. Mi trabajo descansa sobre los hombros de estos pioneros, hombres y mujeres, y entre ellos me coloco y tomo mi lugar. Muchos de ellos han influenciado grandemente lo que hago y el mensaje que predico hoy.

Pero lo que es sorprendente y a la vez frustrante es cómo consideramos todo lo que ellos han hecho y los años en que lo han estado haciendo, que su influencia no ha abierto brechas considerables en el típico ministerio de niños del cuerpo de Cristo en general. Las anomalías aún persisten. Es por esta razón que me sentí impulsada a escribir este libro. Mi pasión y enfoque en lo que me queda de vida, es ver que estos principios y conceptos se conviertan en lo que yo llamo ***"El ministerio Infantil Universal"***.

Como lo menciono en un capítulo más adelante, Debería ser tan común escuchar que una Iglesia tiene un equipo infantil de oración, otro de evangelismo, de ministerio profético, de alabanza y de sanidad, como lo es escuchar que tienen escuela dominical. Es necesario y urgente entrenar a los niños a caminar en el poder del Espíritu Santo desde muy edad temprana. Este es el fundamento para lograr un estilo de vida Cristiano que sea emocionante.

Lo que agrava el problema de no impactar más amplia y permanentemente con este mensaje a la iglesia de Cristo, es el constante cambio de ministros de niños en las iglesias locales. Apenas va un líder a una conferencia, adquiere la visión, y empieza a implementar cambios e ideas, cuando deja su puesto con los niños y la Iglesia, y alguien nuevo toma su lugar. Entonces los recién llegados tienen que empezar de nuevo, a partir de cero, con poca o ninguna capacitación, ni asesoramiento para llenar el lugar de los líderes anteriores. Bien pueden, o no, darse cuenta de los libros, videos, casetes y conferencias que capacitaron a sus predecesores, y sin guía alguna, solo tienden a hacer con los niños lo que ellos mismos aprendieron de niños en la escuela dominical tradicional, la mentalidad de las historias bíblicas con la que ellos crecieron y que es precisamente la que nos ha llevado a la crisis actual. De manera que nos encontramos dando vueltas en una puerta giratoria, tratando de hacer cambios substanciales y permanentes en la manera en que discipulamos espiritualmente a los niños en los círculos cristianos.

Por esta razón, necesitamos llegar a los oídos de los editores de manuales para niños, autores de libros infantiles, productores de material de audio, video y de programas de televisión, de escuelas bíblicas, sembradores de iglesias, pastores, misioneros, padres, y de toda persona que esté en una posición de influencia en el cuerpo de Cristo. Ahora más que nunca, si hemos de ganar la batalla de transformar a nuestros niños en campeones espirituales, debemos unir las manos y las voces para esparcir nuestro mensaje, porque, bien podríamos trabajar toda nuestra vida en nuestro campo individual y no lograr mucho más de lo que hemos logrado hasta ahora. Pero si trabajamos juntos, tenemos mejor oportunidad de que escuchen nuestra voz e impactar permanentemente. Sólo necesitas buscar en el Internet "niños palestinos" (*palestinian children*) para darte cuenta de la seriedad con que el enemigo está entrenando a los niños para que persigan su visión. Sin contar el costo, es urgente que empecemos a redefinir el ministerio infantil en el siglo veintiuno, si verdaderamente queremos salvar a esta siguiente generación.

Becky Fischer

Primera parte:

La Necesidad

Los niños tienen hambre de una iglesia
y un cristianismo REALES.
Quieren REALMENTE sentir su presencia.
Quieren REALMENTE escuchar su voz.
¡REALMENTE quieren experimentar su poder!

Los nicos necesitan experimentar a Dios

¡Odio la escuela dominical, es muy aburrida!

Estaba sentada tranquilamente en el portal de mi casa leyendo un libro, cuando escuché un alboroto al final de la cuadra. Mi casa es la de en medio de tres que hay en esa cuadra. Levanté mi vista justo a tiempo para ver a una niña rubia como de once años que reía y corría por el césped del vecino hacia donde yo me encontraba. No tenía ni la menor idea de quién era. Sin advertirme nada corrió hacia detrás de mi silla, se puso de rodillas y se acurrucó para que no la vieran. Continuó riendo mientras me decía: "Estamos jugando a policías y ladrones, y yo soy ladrona, si mis amigos me encuentran me van a meter a la cárcel".

Alegremente empecé a participar en su juego, vigilando cuando sus amigos se aparecían en la esquina buscando a la "ladrona". Cuando sus amiguitos desaparecían, yo le daba el reporte de lo que estaban haciendo. No habían pasado cuatro minutos cuando, después de una breve pausa en la conversación, se atrevió a decirme: "Hoy fui a la escuela dominical, ¡es muy aburrida! ¡No me gusta nada!"

Esa personita me dejó desconcertada, me preguntaba de dónde habría venido ese comentario en medio de nuestro juego de policías y ladrones. Además era dolorosamente honesta y muy obvia en su manera de pensar. Sentí como que el Espíritu Santo había preparado todo para ese encuentro, confirmándome algo que yo ya había creído por algún tiempo, y era que un número importante de niños siente exactamente lo mismo acerca de los programas de escuela dominical a los que asisten.

Con mucha cautela le pregunté a qué Iglesia asistía, y ella nombró una de las Iglesias carismáticas más grandes en nuestra ciudad. No sólo conozco el lugar, sino que además estoy familiarizada con el programa para niños con el que enseñan. Pero la verdad es, que esta pequeñita pudo haber nombrado casi cualesquiera de las Iglesias de la ciudad, y con muy pocas excepciones, su declaración habría sido verdad para cualquiera de ellas. ¿Por qué? Porque la escuela dominical y el ministerio infantil como típicamente son hoy en día, son espiritualmente "aburridos", aunque parezca que tenemos mejores programas, mejores currículas o programas, mejor tecnología, mayor presupuesto y sean más entretenidos de los que hemos conocido hasta hoy en la Iglesia a nivel mundial. Sin embargo, todavía falta algo.

Día para enfatizar la escuela dominical

No mucho tiempo después del incidente con mi vecinita, recibí una llamada telefónica de la esposa de un pastor de otra parte del estado. Inició la conversación diciendo que un hermano a cargo de su programa infantil le pidió que me invitara para ser la conferencista de un "**Día para enfatizar la escuela dominical".** Querían reforzar en los niños de su iglesia, ¡lo importante que era asistir a la Escuela Dominical!

—No me diga, déjeme adivinar—, le interrumpí. —Tienen dificultad para que sus niños asistan a la escuela dominical de manera regular.

> ¿Por qué no podemos impactar de manera significativa a nuestros niños y conservarlos como miembros activos del cuerpo de Cristo, después de haber tenido la oportunidad de influenciarlos durante los años en que pueden ser más fácilmente moldeables? Obviamente, no estamos dejando "huella" en ellos.

—¡Correcto! —admitió—, y comentó lo desanimado que se sentía el maestro de niños de su iglesia. —Cremos que si tenemos un día especial para enseñarles a los niños lo importante que es, y los motivará a venir más regularmente—.

¡Claro que puedo ir y ayudarles!, le respondí. Pero, no estoy segura de que esto les va a ayudar, porque puedo traer todos mis sermones emocionantes, visuales atractivos, y podemos tener un gran mover del Espíritu Santo. Les puedo decir lo importante que es venir a la Iglesia, pero ¿qué va a pasar después de que me vaya? Los maestros regresarán inmediatamente a sus métodos antiguos, los cuáles, los niños consideran aburridos—

No quería ser grosera. Era sólo un esfuerzo para que comprendiera la seriedad del asunto. La verdad es que muchísimas iglesias se encuentran en situaciones similares. ¿Por qué pasa esto? Creo, de verdad, que las iglesias están haciendo su mejor esfuerzo para proveer lo que sienten que necesitan y quieren los niños como ministerio. Muchas escuelas bíblicas ahora tienen cursos de ministerio infantil. Algunas incluso, ofrecen grados académicos en esta área para entrenar gente para que trabaje con los niños. A lo largo y ancho de la nación hay muchas conferencias excelentes donde los ministros de niños pueden recibir entrenamiento y capacitación continua con el objetivo de producir ministros de niños mejores y más calificados de lo que el mundo ha conocido.

En décadas anteriores, los productos cristianos de cualquier tipo eran inferiores a los del mundo, pero eso ha cambiado dramáticamente. Ahora tenemos la más alta calidad en videos, casetes musicales, CDS, DVDS, libros y algunos de los programas de escuela bíblica de verano, hemos mejorado más que nunca en la historia del cristianismo. Pero no importa cuánto haya aumentado la calidad de esos programas a raíz de las mejoras; la mayoría de las iglesias aún está perdiendo de vista lo más importante. No se trata de crear una mejor "trampa para ratones" con las instalaciones, manuales de enseñanza, equipo, mejores maestros, personal de tiempo completo o la implementación de días y días "para enfatizar la escuela dominical". Todo ello es muy bueno, y gracias a Dios que lo tenemos, pero debemos buscar una solución más profunda para poder revertir estos problemas.

¿Cuál es el problema real?

De por sí, es muy desconcertante descubrir que muchos niños ven la escuela dominical como algo aburrido, después de todo el trabajo que hacemos. Pero la verdadera tragedia es lo que ocurre como resultado de todo esto. Las encuestas recientes del Grupo Barna revelan que cuando los niños llegan a edades entre los trece y diecisiete años, la cantidad de ellos que continúa asistiendo a la iglesia disminuye dramáticamente, y tan sólo una alarmante pequeña cantidad "se lleva a Cristo en su corazón" después de la preparatoria. Otra encuesta revela que uno de cada tres adolescentes planea seguir asistiendo a la iglesia después que se va de la casa o cuando los padres dejan de llevarlo.[1] Eso representa casi el 70% de los niños que hemos criado, lo cual trae consecuencias aterradoras para el futuro de nuestras iglesias, así, como el estado del cristianismo como influencia viable en nuestra cultura, además de lo que pasará en la vida de esos jovencitos sin una formación cristiana constante. Aquellos que hemos sido parte de la iglesia por largo tiempo no necesitábamos que las encuestas lo revelaran;

hemos visto lo que está sucediendo desde hace años. Las encuestas sólo confirman la dura realidad que ya conocíamos y experimentábamos —el ser testigos de un gran éxodo de adolescentes en nuestras iglesias.

No los impactamos

Mientras el crecimiento de la iglesia a base de nuevos convertidos parece expandirse rápidamente en otros lugares, como África, Latinoamérica y Asia, lo opuesto ocurre en el mundo occidental, en especial en los Estados Unidos Americanos. De ser verdad, lo menos que debemos hacer, es conservar nuestra propia descendencia y mantenerla en "el aro". Debemos preguntarnos ¿Por qué no podemos impactar de manera significativa a nuestros niños y conservarlos como miembros activos del cuerpo de Cristo, después de haber tenido la oportunidad de influir en ellos durante los años más valiosos en que pueden ser más fácilmente moldeables? Obviamente, no estamos impactando sus vidas.

> Tenemos que preguntar ¿qué es más importante; que los niños escuchen la historia de cuántas piedras recogió David para matar a Goliat, o, que escuchen la voz del maestro guiando su vida diariamente?

Recuerdo claramente cuando los católicos con orgullo proclamaban, "Denos un niño hasta la edad de siete años, y será nuestro de por vida"[2]. ¿Qué es lo que ellos sabían que nosotros no sabemos?

Otros resultados alarmantes del Grupo Barna, nos muestran que dos de tres niños aún no conocen a Cristo como su salvador a la edad de trece años, que la mayoría de ellos no sabe lo que es la adoración, y que sólo tres de cada diez se han comprometido con el cristianismo.[3] También puedo añadir a estas cifras, con base en mi experiencia de viajar por todo Estados Unidos y muchos países alrededor del mundo, la respuesta a mis preguntas en las iglesias a donde voy: que sólo una fracción de nuestros niños está llena del Espíritu Santo, habla en lenguas, ha escuchado la voz de Dios, sabe lo que es ser guiado por el Espíritu Santo o está consciente de Su presencia en los servicios de la iglesia. Es decir, independientemente de la afiliación o denominación, los niños no tienen una relación íntima, legítima y activa con el Dios viviente a ningún nivel, después de haber estado bajo nuestra tutela durante doce años. ¿Qué tiene de malo este cuadro? Tenemos que preguntar ¿qué es más importante: que los niños escuchen la historia de cuántas piedras recogió David para matar a Goliat, o que escuchen la voz del Maestro guiando su vida diariamente?

Se requiere hacer cambios en el ministerio juvenil

Un artículo de la revista *Ministries Today* (Los Ministerios de Hoy) por Barry St. Clair, fundador y presidente de *Reach Out Youth Solutions* (soluciones para el Alcance de la Juventud), habla sobre los adolescentes: "El ministerio juvenil, como experimento, ha fracasado. Mucho de nuestro esfuerzo es algo así como querer arar sobre el concreto. Aramos con las técnicas más modernas y la más alta tecnología. Sacamos muchas chispas y hacemos mucho ruido al intentar sembrar; luego volteamos hacia atrás y nos asombramos por la falta de cosecha. Si queremos que sobrevivan las Iglesias, tenemos que redefinir el ministerio juvenil. Como sugirió el experto en ministerio de los jóvenes Mike Yaconelly, para que los jóvenes puedan tener una fe que perdure, tenemos que cambiar completamente la manera en que llevamos a cabo el ministerio juvenil en Estados Unidos.[4]

Aunque estos comentarios se hicieron específicamente sobre el ministerio juvenil, los debemos considerar en su conclusión lógica. Tenemos que darnos cuenta que el problema no comenzó cuando estos jovencitos pasaron a la adolescencia. Consideremos el hecho de que en los primeros cinco años de vida es donde se establecen los fundamentos del sistema de valores del niño, y todo lo que aprenda a partir de entonces estará sustentado en ese sistema de valores.[5] La autora Esther Ilinsky dice que "todas las actitudes y asociaciones que el niño desarrolla a temprana edad con respecto a la iglesia, a los líderes de la Iglesia y finalmente acerca de Dios, permanecerán el resto de su vida".[6]

Los niños no son discipulados seriamente

Uno de los errores más lamentables que hemos cometido los creyentes, es asumir que los niños no son capaces de entender u operar en las cosas profundas de la Palabra de Dios, y, como consecuencia, no se les puede educar y discipular seriamente en la vida cristiana, sino que se les aplaca y entretiene durante doce años con historietas bíblicas y en algunos casos utilizando la más alta tecnología. Erróneamente hemos asumido que ésta es la única manera de atraer y capturar su atención. Sin embargo creemos que sí que son capaces de funcionar con inteligencia y profundidad como creyentes o para dejar huella en el mundo como cristianos cuando llegan a los primeros años de la adolescencia.

La iglesia en su totalidad ha subestimado el potencial espiritual de los niños, porque percibe que pueden actuar más conforme a la carne y no al Espíritu. Se nos dificulta visualizarlos de niños inquietos, apestositos y con sus deditos pegajosos a profetas y guerreros de oración. ¡Claro que vemos el potencial de lo que pueden ser cuando crezcan! Pero, ¿cómo niños? ¡Es otra cosa! Necesitamos recibir la revelación de que si esperamos hasta que crezcan para tomarlos en serio como discípulos de Cristo, ¡será demasiado tarde!

Si no hemos ganado el corazón de nuestros niños para Cristo para cuando tengan diez o doce años, es posible que los perdamos por completo cuando lleguen a la adolescencia

Que Cristo sea relevante para los niños

Tal parece que la iglesia como la conocemos, el cristianismo como lo vivimos, y Dios como se los hemos representado parecen ser irrelevantes para muchos de esta generación al llegar a la adolescencia y a la juventud. Para ellos, Jesús, en muchas maneras se encuentra en la misma categoría que Santa Clos, el conejo de pascua, el ratón que se lleva los dientes o las hadas madrinas, porque muy raramente lo perciben como una persona real en sus vidas. Sus opiniones han sido formadas principalmente por lo que les hemos presentado semanalmente en la escuela dominical. Por lo general, Jesús es sólo el hombre en las historias bíblicas, y no alguien con quien ellos puedan relacionarse diariamente. ¿Por qué? Porque nunca han sentido su presencia, escuchado su voz o visto algún milagro o sanidad. En la mayoría de los casos han visto muy pocas oraciones contestadas, y después de todo, ¿qué es el cristianismo?¿Buenas historias bíblicas, ¿o una relación personal con el Dios viviente?

Si no hemos ganado totalmente el corazón de nuestros niños para Cristo para cuando llegan a los diez o doce años, es posible que los perdamos por completo cuando lleguen a la adolescencia. No podemos culpar los años conflictivos de la adolescencia. El problema reside en los ministros de niños, que no tienen vida, ni poder sustentador para resguardar a estos niños durante su crecimiento, independientemente de lo profesional y divertido que esos ministros sean.

¿Qué está mal?

Estos jovencitos podrán seguir asistiendo a la Iglesia durante algún tiempo más porque sus padres los obligan, sin embargo, desde los diez u once años han tomado la decisión de que la Iglesia no es para ellos. Y como ejemplo podemos citar a mi vecinita que estaba jugando a policías y ladrones. Mientras la veo atravesar los primeros años de su adolescencia, ella ya no quiere involucrarse mucho con la iglesia; y no tomó esa decisión después de la secundaria o la preparatoria, la tomó mucho antes, ¡cuando aún se le podía alcanzar para el Señor! Desde entonces se dio cuenta que la escuela dominical era muy aburrida. ¿Qué es lo que está mal en nuestros programas de niños? Cada editora de programas para niños se ha esforzado en actualizar y mejorar sus programas usando los últimos métodos de enseñanza.

Quizá esto nos dé una pista. Uno de los grandes motivos o pretextos que la gente usa para no involucrarse en los ministerios infantiles a cualquier nivel es: "yo ayudaría, pero no quiero perderme del mover de Dios en los servicios de adultos". O que tal el comentario común del pastor de la iglesia al Pastor de niños; "asegúrate de organizar tu agenda de tal manera que asistas al servicio de adultos al menos una vez al mes, tú también necesitas alimentarte".

Declaraciones reveladoras

Estas son declaraciones fascinantes y muy reveladores acerca de la situación de la escuela dominical y de los programas infantiles. En primer lugar, estamos admitiendo, que no se encuentra la presencia o el mover de Dios en ellos, y en segundo, que la alimentación espiritual no está llegando. Para cambiar la actitud de los niños hacia la iglesia, es imperativo crear el tipo de ambiente espiritual donde los niños puedan en realidad, experimentar a Dios, en lugar de tan solo aprender de Él. Si nosotros los adultos anhelamos la presencia del Espíritu Santo, ¿acaso no tiene sentido que nuestros niños también tengan hambre de Él?

> Para cambiar la actitud de los niños hacia la iglesia, es imperativo crear el tipo de ambiente espiritual donde ellos puedan realmente experimentar a Dios, y no sólo aprender de Él.

Televisión real vs. Cristianismo real

A los adultos no les gusta asistir a un servicio que sea espiritualmente aburrido, que no tenga inspiración ni poder; cuando descubren que hay otra alternativa, en la mayoría de los casos ya no podemos hacer que regresen a la iglesia. Con Los niños es exactamente igual. Ellos también quieren experimentar la realidad de Dios. Los niños están hambrientos de tener un encuentro con el Espíritu Santo, aunque no saben cómo expresárnoslo de esa manera. "Aburridos y sin inspiración" podríamos decir que es lo mismo, que aquellos que tienen los materiales didácticos que cuentan con el atractivo de tener los más nuevos adelantos tecnológicos. Tiene que ver con la ausencia de la presencia de Dios en el salón. Sin embargo, es posible tener un salón sin equipar, si materiales ni tecnología, y con servicios profundos y ungidos, si aprendemos a guiar a los niños al trono de Dios. Con frecuencia, nosotros los líderes de niños hemos confundido el uso de las herramientas tecnológicas más avanzadas en nuestros servicios pensando que eso es lo que los niños van a considerar como un buen estimulante espiritual. No hay nada de malo en utilizar la herramienta ya sea tecnológica o didáctica que esté a nuestra disposición para hacer los mejores servicios posibles. Yo uso muchas de estas herramientas en mi ministerio, pero no existe substituto alguno de la presencia del Espíritu Santo.

Hoy en día escuchamos mucho sobre *Reality TV* lo que es –televisión Real–. Este tipo de programa está filmado en vivo y sin ensayar, con gente normal (como tú y yo), en lugar de contratar y pagar a actores profesionales, como se acostumbra . Los que participan están dispuestos a competir entre ellos, haciendo cosas excéntricas, atrevidas, riesgosas y muchas veces hasta repugnantes, para ganarse un buen premio que puede ser una gran suma de dinero, una pareja, un buen salario, un trabajo de prestigio, etc. Como el premio siempre es muy atractivo, van a hacer todo lo posible para obtenerlo. En estos programas de "realidad", lo que uno ve en cada capítulo, es tal y como está sucediendo en realidad; y puede ser muy emocionante y cautivador, porque los televidentes saben que es real ya que son personas comunes y no actores contratados para hacer una buena actuación. La audiencia se puede identificar con ellos porque sabe que lo que están viendo, ¡es real!

Los niños tienen hambre de un Dios real.

Los niños tienen hambre de un cristianismo y una iglesia real. Quieren lo *real*. Ellos quieren sentir la presencia de Dios *real* y tangiblemente. Quieren escuchar su voz de a de veras. Quieren *realmente* experimentar su poder. Y si realmente somos honestos, en nuestros días, estas cosas suceden muy raramente en los servicios de niños. Y si ellos no experimentan a Dios dentro de los ministerios infantiles, ¿a dónde pueden ir para encontrarlo? ¿Y cómo podrán estar espiritualmente satisfechos sin la presencia de Dios? Algunos de los campamentos de verano de la iglesia son lugares donde los niños experimentan el mover de Dios. Pero una experiencia al año no los va a sostener en su caminar con Dios, como tampoco sostiene a los adultos.

Como líderes de la iglesia, nos es muy difícil reclutar y conservar un buen equipo de maestros y ministros de niños. ¿Podría ser ésa, una de las causas? Si no sentimos la presencia de Dios en nuestros servicios para niños, ¡no querremos estar ahí! Lo consideramos una pérdida de tiempo. Así que, ¿por qué pensamos que los niños sentirán diferente? ¡Es exactamente igual!

Siendo culturalmente relevantes

Como muy acertadamente alguien dijo: *"Nuestro mensaje nunca cambia, pero los métodos deben ser culturalmente relevantes"*. Es maravilloso la calidad de materiales cristianos que hoy tenemos a nuestra disposición, compiten en todos los aspectos con lo que el mundo produce. Pero el simple hecho de poder usar videos musicales llamativos en DVD y presentaciones atractivas en PowerPoint, no lo es todo para poder ser culturalmente relevantes. Esta es una generación que piensa diferente a las generaciones anteriores. En contraste con nuestra alta tecnología, vivimos en una sociedad que está persiguiendo todo tipo de experiencias místicas y espirituales, desde la Nueva Era, hasta las religiones orientales, e incluso el Satanismo.

La flexibilidad en las leyes de inmigración en Estados Unidos ha provocado la diversidad religiosa más alta del planeta. Ya no estamos en un ambiente en el que podamos asumir que el niño tiene un modelo de enseñanza Judeo-Cristiana y el marco de referencia en que crecimos en el siglo veinte. Para ellos, la verdad es relativa. Y el resultado es una generación que no la piensa dos veces para mezclar un poco de cristianismo con una pizca de budismo, un tantito de Islam y otro poco de Wicca. El sincretismo en el que viven, evita que perciban algún conflicto en esto, porque esta generación se está basando en las experiencias personales. No necesariamente en la doctrina correcta. En otras palabras, si alguien tiene experiencias espirituales profundas a través de las religiones orientales, es esa experiencia lo que dará validez a la religión, independientemente, si hay una verdad en esa doctrina o no.

El hambre espiritual y la conciencia se están incrementando en nuestra cultura, y los niños serán afectados como cualquier persona. Debemos traerles experiencias de la presencia de Dios auténticas.

Harry Potter... ¡Más real que Jesús?

Para ponerlo de manera más dramática, si un niño se mete con las cosas de Harry Potter y empieza a tener experiencias de tipo espiritual, ya sean buenas o malas, esas experiencias se convierten en algo más real que la misma escuela dominical, en la cual no hay poder ni experiencias espirituales de ningún tipo que ellos puedan sentir. Los niños tienen hambre de lo sobrenatural, y, a menos que se les enseñe, no van a saber qué tipo de "sobrenatural" es bueno y seguro, y cuál no lo es. Cualquiera cosa que sea sobrenatural ¡es real para ellos! La simple búsqueda de lo sobrenatural es como una palomilla que es atraída hacia la luz de un foco en la noche. Con echar una mirada a las librerías locales o las bibliotecas de las escuelas,en la sección de niños, te sorprenderás que la sección de cuentos te gritan del hambre que tienen los niños por fantasmas, duendes, brujería, y de la fascinación hacia lo oculto, que es parte del lado oscuro de lo sobrenatural. El hambre espiritual y la conciencia se están incrementando en nuestra cultura, y los niños se ven tan afectados como cualquiera otra persona. Debemos traerles las experiencias auténticas de la presencia de Dios. El lugar lógico para que esto suceda es nuestra iglesia local.

Los niños necesitan su experiencia con Dios

Hace poco, recibí un artículo de un reconocido líder cristiano, que es autor de libros de mayor venta. Él ha sido una figura muy importante en el cuerpo de Cristo durante muchos años, y seguramente, lo reconocerías si mencionara su nombre. Ahora es abuelo. Su carta entera es un lamento, pues está preocupado por sus nietos, la mayoría de los cuales ha nacido de nuevo, y en algunos casos, son llenos del Espíritu Santo. Su preocupación es por la falta de interés y hambre espiritual que vio en esos niños mientras que crecían en la iglesia. Aunque sus padres servían al Señor y sus iglesias eran fuertes, parecía que esto no beneficiaba a los niños. Después de un prolongado análisis, concluyó que la razón de ello, es que los niños nunca habían tenido una experiencia personal significativa con nuestro Dios sobrenatural.

Esto es algo muy típico. ¿Por qué nuestros niños no están experimentando algo significativo en el Espíritu Santo de manera regular? Durante años vienen a la Iglesia cada domingo. Los adultos estamos tenido nuestro encuentro, y hambrientos buscamos más. Pudiera ser posible que la iglesia que este hermano pastorea esté muerta espiritualmente, pero lo dudo. Especulo que los adultos de esa iglesia nos dirán que regularmente sienten la presencia del Señor.

Mi primera pregunta sería, ¿Cómo es su ministerio infantil? ¿Está la presencia de Dios tangible de manera consistente? ¿O es acaso que a los niños de doce años se les alimenta con la misma dieta de Moisés cruzando el mar rojo, Jonás dentro de la ballena, los frutos del Espíritu, de la misma manera en cuando tenían cuatro años? ¿Se les ha enseñado alguna vez acerca de la Gloria de Dios? ¿Se les ha llevado a la presencia de Dios a través de la alabanza? ¿Se les ha enseñado acerca del poder de la sangre de Jesús? ¿Se les ha enseñado cómo escuchar la voz de su Pastor y Maestro? ¿Saben ellos por experiencia personal que Él es real, no solamente por lo que cuenta la gente mayor de veintiún años?

Conclusión

Las iglesias cristianas tienen ideas extrañas de lo que los niños pueden aprender y disfrutar espiritualmente. Los niños son víctimas atrapados en los odres viejos de nuestras ideas preconcebidas acerca de lo que son capaces de experimentar como seres espirituales. Se les ha bombardeado con las últimas trampas tecnológicas, lo cual es solamente una parte de ser "culturalmente relevantes". Independientemente del formato de nuestros servicios para niños ya sea, escuela dominical, iglesia infantil o cualquier otro, tenemos que hacer todo lo posible para asegurar que Dios esté tangiblemente presente en cada servicio para niños.

Nuestro modelo propone que conscientemente se asigne tiempo para la alabanza genuina, donde con toda intención guiemos a los niños al trono de Dios y puedan sentir su Presencia. Luego dejar tiempo para que permanezcan quietamente y puedan escuchar Su voz; consideramos de gran importancia el que los niños puedan compartir lo que escucharon, sintieron o vieron con el resto del grupo. Proponemos que se haga el llamado al altar a la antigua, donde a los niños se les anime para que se tomen el tiempo de buscar el rostro de Dios. Creemos que si los guiamos con nuestro ejemplo personal, nos seguirán. Y haciendo esto, estamos dando el primer gran paso para redefinir el ministerio infantil en el siglo veintiuno.

En Acción

1. *¿Qué crees que los niños sienten acerca del ministerio? ¿Te dirían que es emocionante, o aburrido?, ¿Por qué?*

____

____

____

2. *Si has estado enseñando en la iglesia durante cinco años o más, haz dos listas de jóvenes de preparatoria o mayores que crecieron en tu iglesia. Una de los que ya no asisten y otra de los que permanecen, incluyendo a los que viven en otra ciudad. ¿Cuál lista es más grande?*

____

____

____

3. *Menciona las diferentes formas en las que estás dando oportunidades en tu servicio, para que los niños experimenten a Dios de alguna manera.*

____

____

____

Podemos dejar que el mundo les enseñe a nuestros niños cómo salvar ballenatos y tortuguitas, o podemos decidir enseñarles cómo salvar almas. ¡La decisión es nuestra!

Becky Fischer

Qué enseñar a los niños y porqué

Reempacar el arca de Noé

Mi padre era pastor, así que yo era una de esas niñas que se la pasaban masticando la vieja banca de la iglesia. Asistí a la iglesia toda la vida; me encantaba y amaba al Señor. Fue una tremenda bendición el tener en nuestra iglesia uno de los mejores ministerios infantiles de ese tiempo. Sin embargo, recuerdo claramente que cerca de los doce años de edad, me encontraba sentada en uno de esos servicios para niños pensando: "Si escucho la historia de David y Goliat una vez más, ¡voy a gritar!"

Mi espíritu tenía hambre de más de Dios, y yo sabía que era capaz de temas más maduros que los que nos habían estado enseñando en nuestros servicios para niños. Era frustrante que nos estuvieran enseñando las mismas historias bíblicas que había escuchando una y otra vez desde que estaba en preescolar. Y tristemente, esto, aún sucede el día de hoy en Iglesias de todo el mundo. No hay duda de que éste es uno de los factores que más contribuyen a alejar a los niños mayores, especialmente a aquellos los que toda su vida han asistido a la Iglesia. Y es este modelo, que definitivamente conduce a los niños al aburrimiento espiritual y finalmente a concluir, que la iglesia no tiene nada importante y significativo que ofrecerles. De acuerdo con las investigaciones de *Barna Group*, una vez que los niños llegan a los trece años, tienen la actitud de que saben todo lo que hay que saber acerca del cristianismo, y por lo tanto, no tiene interés en seguir asistiendo a la Iglesia o en aprender más de Dios.[1] ¿Podría ser esto el resultado de esa constante repetición de las historias bíblicas básicas a lo largo de toda su vida? ¿Cuánto tiempo sobreviviríamos nosotros los adultos con este tipo de dieta espiritual? ¿Y qué es, entonces, lo que nos hace pensar que nuestros niños pueden sobrevivir con ella?

Algunas editoriales de material para escuela dominical se han dado cuenta de esto, y han cambiado la enseñanza a sistemas morales, relacionales y sociales, con los cuales los niños de más edad se pueden identificar, tratando de tocar temas que han experimentado durante su proceso de madurez. Esto no es del todo malo, tomando en cuenta que en la iglesia, nosotros somos los que debemos establecer los estándares en estos temas. Definitivamente hay un lugar ello en la educación espiritual de nuestros niños. Aun así, no se ha llegado al punto de conocer lo que en realidad está faltando en los ministerios infantiles, y de lo que tienen hambre los niños, que en realidad es, un encuentro verdadero con el Dios viviente.

Sus caminos Vs. Sus hechos

Los líderes de la Iglesia en el mundo, hemos enseñado a los niños acerca de los *HECHOS de Dios* excelentemente. ¡Sin embargo, hemos fallado en enseñarles *SUS CAMINOS*! *Dio a conocer sus caminos y sus hechos a Moisés y al pueblo de Israel.* (Salmo 103:7 DHH). Es en el conocimiento de sus caminos que podemos interactuar con el Señor de gloria. Enseñar a los niños acerca de los hechos de Dios, incluye todas las maravillosas historias bíblicas, tales como: la de Sansón y Dalila, los muros de Jericó, Pedro caminando sobre las aguas, la esposa de Lot convirtiéndose en una estatua de sal y así sucesivamente. En esas historias los niños pueden ver claramente lo que Dios hizo y que es capaz de hacer de nuevo, esto es, sus acciones.

> De lo que los niños en realidad tienen hambre, es de un encuentro REAL con el Dios Viviente. Debemos enseñarles cómo pueden convertirse en participantes diarios de Su gloria y de su poder.

Pero al enseñarles de sus caminos, los estamos equipamos para que tengan su propia vida llena de señales y maravillas, y de oraciones contestadas. Los caminos de Dios se aprenden cuando entramos en oración, en la alabanza, cuando escuchamos su voz, somos guiados por su Espíritu, entrando y bautizados por el Espíritu Santo; cuando sanamos a los enfermos, entendemos el fluir de los dones del Espíritu y más. Cometemos un grave error al no creer que los niños pueden aprender los caminos de Dios: por ejemplo, cómo y cuándo hace lo que hace en nuestra vida. Pero para poder enseñarles estas cosas, tenemos que reconsiderar los tipos de temas así como la manera en que se los enseñamos regularmente.

Interminable desfile de historias bíblicas

La iglesia en general, desde los padres hasta los pastores y ministros de niños, los autores de libros y material infantil, tienen una lista muy limitada de lo que creen y son capaces de entender los niños y de lo que les interesa. Si entras a una librería cristiana en cualquier parte mundo, y revisas la sección para niños, te darás cuenta de la cantidad tan tremenda de historias bíblicas representadas en estilos y formas diferentes desde libros para leer y colorear, hasta videos, audio casetes y CDS dramatizados entre otras formas. Y esto refleja lo que el público está demandando.

Vas a encontrar material sobre los frutos del Espíritu, la armadura de Dios, los diez mandamientos, la obediencia a los padres, temas como: el temor, el compartir, el formar el carácter, la Navidad, la semana santa y el por qué no celebramos Halloween. Muchas veces me he preguntado, ¿de cuántas maneras podemos re-empacar el arca de Noé? Si esto es lo único que les enseñamos a Los niños y por muy buenos y necesarios que sean estos temas, aún estamos perdiendo punto principal. Aunque son una parte vital, para el fundamento espiritual de nuestros niños, estas cosas por sí mismas no son suficientes para alimentarlos a largo plazo. Los niños están desesperadamente hambrientos de que nuestro maravilloso Creador los toque. Se le debe enseñar cómo pueden interactuar con el Dios Altísimo y cómo participar diariamente de Su gloria y de Su poder.

Estamos en el camino correcto al enseñarles de los milagros de Jesús. Pero no los hemos llevado al siguiente nivel explicándoles lo que deben hacer para ver milagros semejantes en su diario vivir. Esto requiere reconsiderar cómo y qué les estamos enseñando.

¿Qué es leche?, y ¿qué carne?

Frecuentemente hablamos de "leche" y de"carne" de la Palabra. con frecuencia alguien nos comentará de un sermón que escuchó diciéndonos que era "carnita". Con esto, quieren decir que era estimulante y desafiante intelectualmente, que presenta verdades profundas de la Biblia. "Leche", por otro lado, se refiere a los conceptos y doctrinas básicos y más comúnmente conocidos de las escrituras.

En el mundo natural sabemos que la leche es para los bebés y los niños pequeños, porque no tienen dientes para masticar y su estómago aún no está listo para digerir alimentos complicados. Por otro lado, un bistec es apropiado para los adultos, porque tienen su dentadura fuerte y el sistema digestivo completamente desarrollado. La misma verdad aplica para el espíritu. Hay verdades que pueden entrar a nuestro espíritu, y otras que tenemos que "masticar" un momento, para poder asimilar su significado por completo. Cuando una persona es recién convertida, lo llamamos "bebé" en Cristo. Comenzamos a discipularlo, alimentándolo con las verdades básicas más simples de la palabra de Dios; que es "la leche". Conforme van creciendo en el Señor y son capaces de comprender y manejar conceptos más profundos, les vamos dando "la carne" de la Palabra.

El pensamiento convencional hacia los niños en lo espiritual, es igual al de las personas en lo natural: —Únicamente pueden digerir "la leche" de la Palabra—. Hemos designado "la leche" como las cosas que ya hemos mencionado en este capítulo, tales como: las historias bíblicas básicas, los diez mandamientos, los frutos del Espíritu, etc. Esta es una idea que tiene que ser seriamente desafiada al redefinir el ministerio de niños del siglo 21. Si lo piensas de manera lógica, incluso en lo natural, sólo los bebés y los niños pequeños siguen tomando la leche de su madre. Posteriormente, alrededor de los cinco meses, además de la leche materna o fórmula, empiezan a comer alimentos sólidos. Solamente cuando son bebés y los primeros meses se alimentan únicamente de leche.

> El pensamiento convencional hacia los niños en lo espiritual, es igual, al de las personas en lo natural: —Únicamente pueden digerir "la leche" de la Palabra—. Ésta idea que tiene que ser desafiada seriamente

¿Por qué entonces, hemos decidido que los niños deben tomar una dieta espiritual exclusivamente de leche hasta los doce años de edad? sobre todo los niños que han crecido en la iglesia y han aceptado a Cristo, y que tienen padres cristianos comprometidos; ellos ya pueden empezar a comer carne de la palabra de Dios a una edad muy temprana. Posiblemente no se podrán comer un bistec completo como los adultos, pero pueden comer muchos pedacitos de ese bistec, tal vez la tercera o cuarta parte, masticarlos y digerirlos muy bien. Los niños tienen dientes, y su estómago puede digerir; la única diferencia es el tamaño de las porciones que pueden retener.

Niños hambrientos en Hogansville

Hace varios años me invitó, una pequeña iglesia de Hogansville, un pueblito de Georgia, Estados Unidos, a una serie semanal de servicios para niños. Me informaron que su iglesia estaba atravesando tiempos difíciles, y por tal motivo, varias familias habían salido de sus filas. Y ahora sólo tenían diecisiete niños asistiendo a sus servicios en forma regular. Así que al preparar lo necesario para ministrar en los servicios, visualicé y planeé asumiendo que estaría hablando al grupo de niños que había crecido y estado en la iglesia toda su vida.

Nuestro tema se basaría en la Sangre de Jesús, uno de mis favoritos desde niña. Cuidadosamente seleccioné las lecciones y reuní mis apoyos visuales, que incluían: arca del pacto pequeño dorado y mi disfraz de sumo sacerdote para estudiar los sacrificios del templo en el Antiguo Testamento; mi látigo, una cruz grande, un cáliz con sangre artificial y muchos otros apoyos visuales para explicar cómo la sangre derramada por Jesús, pagó tanto por la salvación como por la sanidad de nuestro cuerpo, entre otras cosas. Todas mis lecciones son en realidad muy profundas para niños, y atípicas de lo que normalmente se enseña a los jóvenes.

No era los niños típicos de una iglesia

Cuando mi equipo y yo llegamos a Hogansville, encontramos que la familia de la iglesia había ido a lo largo y ancho del pueblito a invitar y reunir a cuanto niño pudieron. Una pareja con una camioneta tipo Van, llegó llena de niños de las áreas de más bajos ingresos, que es conocida por su problemática de droga, homosexualidad, crimen, violencia, rechazo y todos los inconvenientes que esto conlleva. Obviamente, esos niños no era el promedio de los típicamente criados en cuneros de la iglesia.

Al escuchar eso, me alarmé mucho, pensando que mis lecciones les "entrarían por un oído les saldrían por el otro"; estaba muy preocupaba de qué y cómo hacerle. Al menos unos cien niños me esperaban cada noche, de los cuales, sólo diecisiete pertenecían a su congregación. Me encontraba muy lejos de mi casa como para ir y armar un par de lecciones adecuadas ese grupo de niños, ¡no tenía opciones!, así que tuve que seguir adelante con lo que tenía preparado.

Pusimos todo el corazón en cada servicio, y desde la primera noche, los niños estuvieron increíblemente receptivos. Cuando hicimos el llamado de salvación, la mayoría de ellos alzó su mano para recibir a Jesús. Y como es mi costumbre, cada noche antes de empezar la siguiente lección, les hacía preguntas de repaso para ver lo que habían aprendido, y qué tan bien los había enseñando. ¡Estaban afilados! Contestaban las preguntas perfectamente, incluso usando escrituras y terminología de la iglesia que tan sólo habían escuchado la noche anterior, yo sabía que no les era familiar.

> Alimentamos a los niños con leche y papilla durante doce años, y luego nos preguntamos: ¿Por qué desean abandonar el "barco" en la primera oportunidad que se les presenta?

Vimos a esos niños tocados por la presencia de Dios dramáticamente, pudieron escuchar Su voz, tuvieron pequeñas visiones y experimentaron profundas sanidades en su cuerpo. El fin de semana, la esposa del pastor vino a mí y me dijo, —he trabajando junto a mi esposo en el ministerio por cincuenta años y mucho de ese tiempo lo he dedicado a los niños. Nunca supe, hasta hoy, que se les pudiera enseñar cosas así de profundas—.

Lo más triste es que ella representa a la mayoría de la iglesia cristiana del mundo. Nuestros niños están espiritualmente anémicos por falta de una dieta espiritual sólida. Para redefinir el ministerio de niños en el siglo 21, nosotros como padres, pastores, editores y ministros de niños, debemos rediseñar radicalmente las cosas que estamos enseñando a los niños. Alimentamos a los niños con leche y papilla durante doce años, y luego nos preguntamos ¿Por qué desean abandonar el "barco" en la primera oportunidad que se les presenta? Es mejor que los niños conozcan a Dios, en lugar de que simplemente sepan todo acerca de Él. Para que realmente lo puedan conocer, se requieren temas de enseñanza y estrategias diferentes a las que hemos estado presentando hasta día de hoy en los ministerios de niños.

¿De qué son capaces los niños?

Estamos viviendo días en los que el niño promedio en el mundo secular hace cosas extravagantemente fenomenales, en lo académico, la ciencia, la música o los deportes. Los niños están estableciendo marcas que nunca habríamos pensado o imaginado hace veinticinco años. Es sorprendente ver adolescentes que a los 14 y 15 años ya son estrellas olímpicas. ¿Qué tan temprano tuvieron que iniciar su entrenamiento para alcanzar su meta? Muchos de ellos inician muy pequeños, quizá, desde los 4 o 5 años.

Es increíble, que niños y jóvenes adolescentes con frecuencia sean los responsables de los mayores ataques de virus cibernéticos que han paralizado la nación entera. ¿Dónde aprendieron tanto de informática, cuando la mitad de los adultos apenas sabe enviar un correo electrónico? Los niños son increíblemente capaces de involucrarse en muchos de los conceptos y actividades de adultos.

Me gusta coleccionar artículos e historias de hazañas de niños. Una revista para niños, tenía en la portada a un grupo de niños de entre 13 y 18 años, que eran entrenados de manera especial en las comunidades de Alaska. Su trabajo consistía en rescate de emergencia para salvar gente que cae en el delgado hielo de los lagos, o que son atrapados por avalanchas. El artículo decía que estos jovencitos, que formaban como la mitad del escuadrón de bomberos, usaba "beepers" (radios) en la escuela y con frecuencia los llamaban para que fueran a atender emergencias. Pasaban hasta cuatrocientas horas de entrenamiento cada año para mantenerse actualizados y preparados para su trabajo. Se les entrenaba para enfrentar experiencias de vida o muerte —tanto la propia, como la de otros. La mayoría de adultos ni siquiera piensa involucrar a los niños en situaciones de tanta responsabilidad.

Hace unos años, las noticias nacionales presentaron a un niño de 12 años que ministraba a la gente de la calle en su ciudad. Todo comenzó cuando transitaba por la ciudad en el auto con su papá. Le preguntó a su papá por qué la gente estaba acostada en las calles, él le explicó que no tenían otro lugar a dónde ir. Era tiempo de frío, y el muchacho inmediatamente le rogó a su papá que lo llevara a su casa, que lo dejara quitar las cobijas de su cama para llevárselas a un hombre de la calle. Posteriormente, comenzó a pedir cobijas la los vecinos y las llevaba a la gente de la calle. De la idea de un niño, surgió lo que hoy en día, es un gran ministerio.

Un amigo mío que también es ministro infantil, Pete Hohman, escribió en un libro que se titula "Kids making a difference" –Niños que provocan la diferencia–. [2] Se centra en los sorprendentes logros de niños de esta generación. Una historia que resalta, es acerca de un grupo de niños de cuarto grado –11 años en promedio–, que se dio cuenta que aún existía el comercio de esclavos en el país africano de Sudán. La maestra les explicó que las mujeres y los niños eran vendidos en esclavitud por tan sólo cincuenta dólares.

> La Iglesia sigue distribuyendo los libros de Adán y Eva para colorear , y se pregunta por qué los niños no son cautivados por nuestro mensaje

Los niños quedaron horrorizados al darse cuenta que el comercio de esclavos aún se llevaba a cabo en este tiempo. Pero de inmediato se activaron y abordaron el problema; le escribieron al presidente, a la primera dama, a Ophra Winfrey, a Bill Crosby y a Steven Spielberg. Para no alargar la historia, los medios de comunicación comenzaron a extender la noticia, y ellos juntaron suficiente dinero para liberar a 100,000 esclavos. Para el mes de Junio del año 2000, gracias a los esfuerzos de estos niños, el congreso pasó el acto de paz con Sudán, el cual impone a este país sanciones económicas como presión para detener la esclavitud. Para el año 2004, ya había sido casi totalmente eliminada, y todo, gracias a los esfuerzos de un grupo de niños de cuarto grado.[3] La mayoría de los adultos quizá nunca consideraría el presentar a los niños un tema tan serio. Tal vez sentiría que no tiene caso y que sería completamente innecesario cargarlos con información tan abrumadora. Seguramente nunca esperaría que los niños pudieran hacer algo al respecto.

El mundo sabe dónde enfocar su mensaje

En mi comunidad, cuando la policía quiere organizar una campaña para promover el uso del cinturón de seguridad, su primera estrategia es llevar su mensaje a las escuelas públicas. Enseñan a los niños lo importante que es, entonces organizan una competencia de dibujo en donde se muestre la importancia del cinturón de seguridad. Los dibujos ganadores se exhiben en grandes panorámicos que se despliegan en varias partes de la ciudad. Durante un mes o más, vemos las obras de arte de los niños que informan de la importancia del uso del cinturón de seguridad. Lo mismo sucede cuando la sociedad americana contra el cáncer quiere iniciar una campaña en contra de los peligros de fumar. Su primer línea de ataque va dirigida a niños, y nuevamente, vemos sus obras de arte en los panorámicos por todas partes. El mundo sabe la importancia de alcanzar primero a los niños con lo más poderoso de su mensaje. Lo hacen así por un motivo, saben que si alcanzan a los niños, los van a convencer de por vida, y al mismo tiempo alcanzarán a los adultos.

Los grupos de interés especial saben la importancia de alcanzar a los niños con su agenda política. La escuela ha sido inundada con material que enseña a los niños acerca de la conservación de los bosques, cómo detener la contaminación, y diferentes formas de evitar que se siga deteriorando la capa de ozono, el calentamiento global, etc. Esta generación toma las cosas muy en serio y se involucra de diferentes maneras. Nos podríamos preguntar si deberíamos sobrecargar a los niños con temas y problemas que corresponden a los adultos. Algunas veces, podría ser sobrecogedor y deprimente incluso para muchos. Pero el mundo parece pensar que está bien compartir esta información con los niños.

Reconsiderar el menú de temas

El sistema del mundo está adoctrinando a los niños sobre casi cualquier tema que se pueda pensar, mientras la iglesia sigue distribuyendo libros de colorear de Adán y Eva y se pregunta por los niños no son cautivados con nuestro mensaje. Debemos ***Redefinir el ministerio infantil en el siglo 21***, e incluir un mensaje apasionado, profundo y sustancioso que les provoque involucrarse en el evangelio. Los maravillosos y muy queridos videos de Aventuras en la Odisea y Veggy Tales, son tremendas bendiciones para los niños del cuerpo de Cristo. Gracias a Dios por ellos, pero con eso no vamos a llevar a los niños a su destino espiritual. Necesitamos reconsiderar y reestructurar el menú de temas que les estamos ofreciendo. Como cuerpo de Cristo tenemos que tomar una decisión, —¡permitir que el mundo le enseñe al niño a salvar a los ballenatos y tortuguitas, o enseñarles nosotros cómo salvar almas! ¡La decisión es nuestra! Esta es una generación que estará comprometida con algo. Entrenémoslos para que se comprometan con el Reino de Dios desde temprana edad.

De alguna manera nos hemos conformado con presentarles a los niños mensajes muy serios incluso en un ambiente de entretenimiento ligero. ¡Ya basta! ¡Es tiempo de bajar las luces! Y no para ponernos a ver otro video de personajes bíblicos, sino para crear una atmósfera espiritual y sumergirnos tanto nosotros, como nuestros niños con Dios, y empaparnos de Su presencia, para aprender a escuchar Su voz y discernir lo que Él está diciendo a esta generación.

Charles H. Spurgeon (1804-1892), conocido como "el Príncipe de los Predicadores", y uno de los que han sido honrados entre todas las denominaciones como alguien que ha impactado el Cristianismo para siempre, tiene mucho que decir sobre el tema de los niños en sus sermones. Uno de sus comentarios es, que los niños mucho más capaces de lo que nosotros creemos. El dijo que los niños no sólo son aptos para evangelizarse a sí mismos, sino también para pastorearse.[4]

¡Es hora de bajar las luces!, no para ponernos a ver otro video de personajes bíblicos, sino para crear una atmósfera espiritual y sumergirnos tanto nosotros mismos como nuestros niños con Dios empaparnos en Su presencia, para aprender a escuchar Su voz y discernir lo que Él está diciendo a esta generación!

¡Esto es impensable para la mayoría de los adultos! Sin embargo, ¿no es esto lo que hacen las pandillas callejeras en los barrios pobres del mundo? Hacen sus propios adeptos y se convierten en guardianes familiares quien pertenece al grupo, a pesar del hecho de que su forma de vida es muy perversa. Los niños de la calle de todo el mundo experimentan todo esto.

No estoy diciendo que deberíamos de entrenar a los niños para que empiecen a pastorear iglesias, sino que estoy diciendo que necesitamos ampliar nuestro punto de vista sobre el potencial espiritual de los niños, lo cual nos va a forzar a reconsiderar nuestras tácticas como ministros y líderes en la enseñanza de niños, preparándolos, y discipulándolos. Debemos revaluar todo lo que hemos estado enseñando en el ministerio de niños.

¿Qué deberíamos enseñarles?

En este punto, es necesario desafiar nuestro "status quo" en lo que se refiere a la leche espiritual. Para esto vamos a revisar Hebreos 6:1-3 DHH para ver lo que la Biblia llama "leche":

Así que sigamos adelante hasta llegar a ser adultos, dejando a un lado las primeras enseñanzas acerca de Cristo. No volvamos otra vez a las cosas básicas, como la conversión y el abandono de las obras

que llevan a la muerte, o como la fe en Dios, las enseñanzas sobre el bautismo, el imponer las manos a los creyentes, la resurrección de los muertos y el juicio eterno. Es lo que haremos, si Dios lo permite.

Vamos a desglosar lo que esto nos dice. Los aspectos básicos del Cristianismo son la leche, obviamente. De acuerdo con el escritor de hebreos esos aspectos son:

1. ***El arrepentimiento de las obras muertas***. Esto es el arrepentimiento, la salvación y el caminar en santidad y justicia.
2. ***Poniendo nuestra fe en Dios.*** La fe es un tema muy amplio que cubre todo desde creer que Dios creó el universo, hasta creer Él para sanidad del cuerpo, la provisión para nuestras necesidades en cada área de la vida, finanzas, señales y maravillas, etc. Existen grupos o movimientos en el cuerpo de Cristo centrados en el tema de la fe, así que, obviamente ,hay mucho que decir sobre este tema.
3. ***Bautismos.*** Esto incluye los siete diferentes bautismos que se citan en el Nuevo Testamento, pero vamos a enfocarnos en tres:
   - *a.* *El bautismo en Cristo*, o nuestra salvación (1 Cor. 12:13)
   - *b.* *El Bautismo en el Espíritu Santo* con poder y audacia (Hechos 1:8)
   - *c.* *El Bautismo en agua,* que implica compromiso (Mateo 28:19)
4. ***Imposición de manos.*** Esto incluye:
   - a. Otorgar la bendición divina sobre alguien, como cuando Jesús impuso sus manos a los niños (Mateo 19:15)
   - b. Para personas recién bautizadas (Hechos 19:6)
   - c. Sobre líderes y misioneros consagrados al servicio (Hechos 6:6. 13:2-3; 1a Timoteo 4:14, 5:22).
   - d. El Espíritu Santo se movía entre la gente por este acto (Deuteronomio 34:9, Hechos 8:18-19)
   - e. Sanando a los enfermos (Mateo 9:18; Marcos 16:15-18; Hechos 14:3)
   - f. Algunos añaden la transferencia de la unción (2a Timoteo 1:6-7)
5. ***La resurrección de la muerte.*** Esto abarca desde la resurrección de Jesús, en la cual, si no creemos no podemos ser salvos (Romanos 10:9), hasta la resurrección de cientos de santos al momento de la

resurrección de Jesús. También la de Lázaro, la hija de Jairo y la resurrección de los muertos en Cristo al momento de su segunda venida (1ª Tesalonicenses 4:16). También nos incluye a nosotros y a un gran número personas.

6. ***El juicio eterno.*** Esto es el infierno para los incrédulos y el abismo para Satanás y sus secuaces. También incluyen un estudio del rapto, la segunda venida de Jesús, el cielo, el gran trono blanco del juicio, y otros temas del final de los tiempos.

> Incluso los niños que crecen en un hogar cristiano, y asisten regularmente a la Iglesia, pueden tener una sorprendente mezcla de varias creencias que se ha integrado a su teología

Realmente hay tópicos muy fuertes en esta lista. Y un buen número se consideraría como la "carne" de la lista en muchas de nuestras iglesias, pero la Biblia las considera "leche", lo que significa que tendremos que reconsiderar lo que enseñamos a nuestros niños si queremos estar sincronizados con las escrituras.

Doctrinas cristianas básicas

Hay muchas más doctrinas bíblicas básicas que deberían enseñarse los niños, que no se mencionan en el pasaje de Hebreos. Éstas abarcan aspectos como:

1. Dios como Tres en Uno: Padre, Hijo y Espíritu Santo.
2. Lo infalible e inequívoco de las Escrituras consideradas como la Palabra de Dios.
3. Dios como creador del universo.
4. El hombre creado a la imagen de Dios, espíritu, alma y cuerpo.
5. El pecado original del hombre.
6. El nacimiento virginal de Jesús.
7. La deidad de Jesús (o Jesús como Dios).
8. El Cristo encarnado; Dios tomando forma de hombre.
9. La vida sin pecado de Jesús, al vivir en la tierra.
10. El rol de la iglesia para esparcir el Evangelio (la gran comisión).

11. El milenio del reino de Cristo al final de los tiempos.
12. El cielo nuevo y la tierra nueva, donde para siempre estaremos habitando con el Señor.

Estos puntos pueden variar ligeramente de una iglesia a otra, sin embargo son generalmente aceptados en el cuerpo de Cristo como las doctrinas fundamentales del cristianismo. A través de los años han habido iglesias de algunas denominaciones que han sido exitosas enseñando a los niños las doctrinas sistemáticas de la Biblia. Sin embargo, no es común en todo el cristianismo y, desafortunadamente menos común en círculos carismáticos. Un movimiento escribió su propio programa de doctrinas básicas a sus niños de cinco años. Incluyeron el entrenarlos para ministrar. Esto sería un objetivo muy respetable, para cualquier iglesia que decida implementarlo.

Como ya lo hemos mencionado, existe en nuestros días, un espectro muy amplio de creencias en el mundo. Ya no podemos darnos el lujo de asumir que los niños de la iglesia saben al menos esas doce cosas que hemos señalado, tampoco podemos concluir que ellos las han escuchado alguna vez como enseñanza específica, mucho menos que crean en ellas. Por ejemplo, uno de los resultados que más me conmocionó, es el que menciona el grupo de investigación Barna en *Real Teens* (Adolescentes Reales), que la mayoría de los adolescentes ya no cree que Jesús vivió sin pecado sobre la tierra, ni cree que el diablo es una entidad real, sino más bien un símbolo de la maldad.[5] Me da curiosidad saber cómo fue que sucedió esto. ¿Creían de niños, pero luego alguien los convenció de lo contrario en los desafiantes años de la adolescencia? ¿ O, será acaso que nunca lo creyeron? Y, si así fue, ¿por qué dejaron de creer en Él? Si ya creían, ¿como fue que alguien los convenció de lo contrario tan fácilmente en la adolescencia? No puedo evitar preguntarme qué tipo de enseñanza, entrenamiento y disciplina recibirían de niños mientras asistían a la iglesia.

Sorprendente la mezcla de creencias en el hogares

Incluso los niños que crecen en hogar cristiano, y que regularmente asisten a la iglesia, pueden tener una mezcla sorprendente de otras creencias que se ha integrado en su teología (Sincretismo). Tomemos por ejemplo, la idea tan común en la actualidad de hablar con los muertos, lo cual ahora se está promoviendo por todas partes a través de la televisión, los periódicos y los libros. ¿Qué nos dice la Biblia en cuanto a todo esto? Es una abominación para Dios. Pero, ¿alguna vez hemos hablado de esto con los niños en la iglesia? ¿Cómo lo van a saber si no se los decimos específicamente, y si sus padres y familiares creen en tales actividades? Aunque este tipo de información puede no ser considerada como doctrina bíblica básica en nuestra cultura, ciertamente debería incluirse en nuestra enseñanza en algún lugar.

Hoy en día, muy poca gente, incluso cristianos, cree que Jesús es el único camino al cielo, la gente cree que Jesús es sólo una opción más, y sucede que casualmente, es su opción. Pero esto indica erróneamente que todos los caminos nos llevan al cielo. Por primera vez en la historia de los Estados Unidos y en muchos países de Latinoamérica los niños se sientan en escuelas públicas, al lado de musulmanes, hindúes, Wiccas, Budistas, Nuevas Era, entre otras. Hoy en día, cuando los niños hablan acerca de Dios, tiene que aclarar de cuál "dios" se está hablando. Así que, a manera de aclaración, entre otras cosas, lo que necesitamos agregar a lo que hemos estado enseñando a los niños, una vez más, son los fundamentos de nuestra fe cristiana. La desafortunada verdad es que, incluso los niños que crecen en hogares sólidos y conocen esas cosas, viven en un mundo donde serán forzados a defender su fe cristiana. Es imperativo que sepan: ***qué***, y aún más importante, ***a quién*** están defendiendo y ***por qué***.

Temas que consideramos de grueso calibre.

No hay duda que habrá quienes me critiquen fuertemente por los comentarios que voy a hacer en seguida, pero quisiera apoyarme en la Palabra de Dios en este punto. Justo antes de que Jesús ascendiera al cielo, dio a sus discípulos, y a nosotros, algunas instrucciones de último minuto para continuar con el trabajo que Él había iniciado en la tierra. Se conoce comúnmente como la "Gran Comisión" y es una verdad fundamental en la palabra de Dios que se le debe enseñar a todo niño en nuestra iglesia. En Marcos 16:15-18 Él dijo: ***Id por todo el mundo y predicad el evangelio a toda criatura,*** y continúa: ***Y estas señales seguirán a los que creen: En mi nombre echarán fuera demonios; hablarán nuevas lenguas; tomarán en las manos serpientes, y si bebieren cosa mortífera, no les hará daño; sobre los enfermos pondrán sus manos y sanarán.***

Al leer esto y muchos otros pasajes, no veo en ningún lugar que Jesús ponga límite en la edad, ni ningún otro criterio limitante para hacer estas obras, las cuales se conocen como parte del ministerio de los creyentes. Cuando Él dijo ¡id!, **no** dijo todos los mayores, o todas las mamás, los papás o los pastores. Tampoco dijo ¡todos id!, pero ustedes niños, deben esperar hasta que tengan 21 años. Él dijo a todo creyente ¡Id! Esto significa que todos nosotros, toda persona que considera que Jesús es su Señor y Salvador, debe ir, o será culpable de desobediencia al Maestro.

Igualmente, no hay restricciones en los otros puntos. Él dijo: *A los que creyeren*[...] habrán señales que les seguirán, tales como echar fuera demonios, hablar nuevas lenguas, poner las manos sobre los enfermos. También cabría el levantar a los muertos. Jesús dijo que todo lo que Él hizo, nosotros también lo haríamos, e incluso cosas mayores, ***—de cierto, de cierto os digo: el que en Mí cree, las obras que yo hago, él las hará también; y aún mayores hará, porque yo voy al Padre*** *(Juan 14:12).*

¿Por qué los niños no? En este verso no hay restricción alguna para nadie por causa de género, raza o edad. Si un niño cree, él o ella está aprobado para hacer el trabajo de Jesús igual que cualquiera otra persona.

Si a los niños de Palestina les pueden enseñar a matar Cristianos y Judíos, y a los Wiccas pueden enseñar les a sus hijos a lanzar conjuros sobre la gente, entonces nosotros podemos enseñar a nuestros niños a echar fuera demonios y a levantar a los muertos en el nombre de Jesús y con el poder de su sangre. Eso no significa que estoy tratando de diseñar conferencias para enseñar a los niños cómo echar fuera demonios y levantar a los muertos. Sino que hay algunos casos fascinantes en que los niños han hecho estas cosas simplemente porque alguien les enseñó que se pueden hacer, lo cual comparto en un capítulo posterior para tu información.

> Necesitamos elevar nuestras expectativas y adquirir la revelación de que nuestros niños son mucho más capaces de comprender y obrar en las profundidades de la Palabra de Dios, de lo que jamás hayamos considerado.

Misceláneos, pero importantes

Ahora más que nunca, a nuestros niños se les debe enseñar no solamente la palabra de Dios y el ministerio de los creyentes, sino una dosis saludable acerca de su herencia cristiana. De la misma manera que los niños están naturalmente interesados en sus antepasados, y cómo "el abuelo llegó a América en un barco buscando libertad religiosa", ellos necesitan saber que, como miembros del cuerpo de Cristo, son parte de la riqueza espiritual de nuestros antepasados. Es sumamente importante que escuchen de los grandes héroes de nuestra fe, tales como William Tyndale, a quien quemaron atado a un poste, porque se atrevió a traducir las Santas Escrituras al lenguaje común de la gente. Esto incluye a gente como Gutenberg, quien por primera vez, se atrevió a reproducir la Biblia, en una imprenta a costa del gran riesgo personal.

Esto podría parecer extremo, pero a los niños más grandes, especialmente a los adolescentes, se les debe animar a que lean el libro de los mártires de Foxe, o D.C. Talks, *Jesus Freaks* (Locos por Jesús). La triste verdad es que ya no podemos permitirnos el lujo de desmenuzarles la Palabra a los niños. Ellos ahora viven en un tiempo en donde muchos jóvenes pueden perder la vida por causa del evangelio. Tanto niños, como jóvenes

También incluiría libros Cristianos tales "la Cruz y el Puñal", de David Wilkerson, "El Lugar Secreto", de Corrie Ten Boom, "La Luz y la Gloria", de Peter Marshal, "El Hombre Celestial", por el hermano Yun. Además, "Historias Sorprendentes" de Smith Wigglesworth, la historia de la vida de Billy Graham, y otros grandes libros de heroísmo cristiano. Igualmente saludable la lectura de las biografías de importantes misioneros como: Amy Carmichel, Hudson Taylor, William Carey, John G. Lake, y otros, quienes han esculpido el evangelio en algunos de los lugares más oscuros de la tierra.

Asimismo, sería de mucho beneficio que leyeran, libros acerca de los héroes deportivos de EEUU o cualquier parte del mundo, que sean Cristianos verdaderamente comprometidos. Con los niños mayores puede usar el tiempo de la escuela dominical o de una clase entre semana para leerle al grupo. Puede hacer una competencia; por cada libro que lean deles puntos que después podrán cambiar por un premio (el premio no tiene que ser muy caro). También podría dedicar cinco minutos en cada servicio para un "Momento de Historia" después de la ofrenda o justo antes del sermón, donde contará porciones de la historia sobre esas personas. Sea creativo. Permita que los niños vean como están conectados a través de la historia, a un grupo mucho más grande del cuerpo de creyentes que aquellos que asisten a su iglesia.

Si a los niños de Palestina les pueden enseñar a matar

Cristianos y Judíos , los Wiccas pueden enseñar a sus hijos a lanzar conjuros sobre la gente, entonces, nosotros podemos enseñar a nuestros niños a echar fuera demonios y a levantar a los muertos en el nombre y con el poder de Jesús.

Conclusión

Todo lo que estoy sugiriendo al mencionar estas cosas, es que tenemos que empezar a generar nuevos paradigmas con respecto al entrenamiento espiritual de nuestros niños, si hemos de transformar las cosas en el ministerio infantil y en el futuro del cristianismo. Cualquier cosa que se enseña a los adultos puede ser enseñada a los niños, si divides la enseñanza en elementos cortos, y utilizando ayudas visuales con libertad en la presentación. Es posible que esté cruzando por tu mente , que el simple hecho de pensar en enseñar a los niños a levantar a los muertos y echar fuera demonios sería ir demasiado lejos. Eso está bien, pero entonces permíteme preguntarte. ¿Qué es lo que quieres lograr? ¿Por dónde puedes comenzar de manera para que llegues más allá de donde estás llegado? ¿Puedes estirarte lo suficiente para enseñarles cómo escuchar la voz de Dios y ser guiados por el Espíritu? Te desafío a que incursiones en territorio desconocido si realmente estás preocupado por lo que está pasando ahora en tu ministerio infantil, y quieres ver las cosas completamente cambiadas.

Hoy, como padres y ministros cristianos, debemos reconsiderar seriamente lo que típicamente hemos enseñado a los niños y por qué. Necesitamos elevar nuestras expectativas. Necesitamos adquirir la revelación de que los niños son mucho más capaces de comprender y de obrar en las profundidades de la Palabra de Dios de lo que hemos considerado. Por lo tanto, es urgente reconsiderar el concepto completo de lo que es la leche de la palabra comparado a la carne de la Palabra, . Necesitamos darnos cuenta que tenemos un largo camino por recorrer para enseñar a los niños, incluso, lo que la Biblia considera leche. Debemos entender que si vamos a criar cristianos saludables y sobre un fundamento firme, entonces debemos dejar de alimentarlos con esas dietas espirituales raquíticas de las mismas historias bíblicas una y otra vez, sobre todo al llegar a la pre-adolescencia. Debemos aprender a alimentarlos con algo de carne espiritual, lo cual les va a dar las fuerzas para atravesar los tiempos más desafiantes de la vida. Haciendo esto, vamos a redefinir el ministerio infantil en el siglo 21.

En Acción

1. *Haga una lista de los temas que ha estado enseñándoles a los niños en los últimos 12 meses. Al lado de cada uno coloque la letra que corresponda:* ***L*** *"leche" o* ***C****"carne" basado en la enseñanza de este capítulo.*

____

____

____

____

2. *¿Tienes un plan bien delineado sobre los temas que quieres enseñar a los niños durante los siguientes tres años? ¿Qué temas incluirías ahora que tal vez nunca has considerado antes?*

____

____

____

____

3. *Sólo por curiosidad, ve a la librería cristiana local, camina alrededor y observa de cuántas maneras y formatos ha sido reproducida el arca de Noé, desde libros hasta figurillas. ¿Cuántas y cuáles formas encontraste?*

____

____

____

____

Los ministerios de niños deben convertirse en clínicas de cristianismo operativo práctico

Capítulo 3

Verdadero discipulado y consejería de niños

Familias que oran juntas

Estaba en un viaje misionero en India, y sucedió que una noche no podía dormir porque la cama estaba muy dura. Tomé el control remoto de la televisión en el hotel; era muy temprano en la mañana y quería ver si encontraba algunas noticias en inglés de mi país (USA). Encontré un canal, y justo en el momento en que la cámara hacía un acercamiento a una familia moderna de medio Oriente. Las primeras palabras que dijo el reportero son:, "Han oído decir que se que la familia que ora junta, permanece unida". ¡Maravilloso!, pensé. Por fin me topo con algún tipo de programa Cristiano.

Sin embargo, al avanzar el programa... mi emoción se convirtió en una incredulidad desconcertante, mientras el reportero describía la ceremonia anual en la que esta dedicada familia Musulmana Chiíta, estaba a punto de participar. El papá, la mamá y dos hijos aproximadamente entre nueve y once años, estaban en una moderna cocina, comiendo juntos. Parecía una familia como cualquiera otra. Entonces, antes de que el anunciador continuara explicando este evento tan peculiar que estaba a por iniciar, narró la historia del evento. Parece que hace cientos de años, el nieto de Mahoma fue a la guerra contra sus enemigos, y no hubo nadie entre sus hermanos musulmanes que quisiera o estuviese dispuesto a acompañarlo. Por ese motivo, murió en la batalla como un mártir.

Penitencia brutal

Desde entonces, cada año, los fieles Chiitas escogen un día para hacer penitencia, hiriéndose violentamente así mismos, y derramando su sangre como castigo por no haber ayudado en la batalla a este hombre tan importante de su historia. La forma en que la penitencia se lleva a cabo es la: los hombres, con una navaja, se hacen una cortada grande sobre la cabeza, luego empiezan a golpear con sus manos la herida con todas sus fuerzas hasta sangrar. Esto no lo hacen una sola vez, sino que repetidamente durante todo el día.

El padre pone el ejemplo

En ese momento la cámara enfocó al padre de familia, un hombre muy bien vestido y educado, en el momento en que tomaba una navaja. Y con la ayuda de alguien para separar el cabello de sus hijos les golpeó encima de sus cabezas haciendo cortes profundos en sus cueros cabelludos. Miré con asombro como los niños inmediatamente, comenzaron a golpearse su cabecita, ante las palabras de ánimo de su padre, hasta que su rostro y camisa estaban totalmente rojos de la sangre que incluso, salpicó la lente de la cámara también.

> Es digno de notar como este padre involucraba a sus hijos deliberadamente en este evento grotesco; en lugar de conformarse con solo platicárselos, o dejarlos observar desde las gradas.

Posteriormente, esta familia se integró a una larga procesión con sus compañeros, marchando, gritando, ondeando sus manos y golpeándose en la cabeza por las calles de la ciudad. Mientras la cámara se enfocaba en la sangrienta escena; el anunciador explicó que este sería el día del año más ocupado para las ambulancias. Los hombres frecuentemente se herían seriamente y se desmayaban por la energía que empleaban y al mismo tiempo por la pérdida de grandes cantidades de sangre. Algunos de los hombres en la marcha estaban literalmente empapados de color escarlata de la cabeza a los pies. La historia concluye con los jovencitos y su papá sentados al final del día, fatigados y quietos. El padre contó que él había participado en esta marcha por primera vez cuando tan solo tenía 3 años, pero que él había esperado a que sus hijos cumplieran 7 años para iniciarlos. Aunque ellos admitieron tener miedo la primera vez, ahora esto, ya es parte de la vida.

Comprometidos con la causa toda vida

Este horrendo evento me consternó por varios días. Y mientras reflexionaba, pensé dos cosas: 1) Estos niños nunca van a ser neutrales acerca de su fe. 2) Excepto por un milagro de Dios, ellos nunca van a abandonar su fe. La manera en que se han involucrado y el compromiso como han sido implicados, estará incrustado en su espíritu, alma y cuerpo de por vida.

Es digno de notar como deliberadamente, el padre hacía participar a sus hijos en este grotesco evento; en lugar de conformarse de tan sólo platicárselos, o dejarlos observar desde las gradas. Este hombre, decidió dedicar tiempo para ser parte de la educación espiritual de sus hijos, dándole un nuevo significado al término "discipulado".

Algo impresionante es que involucró a sus dos hijos, ¡tan sólo unos niños!, en una actividad propia de los adultos. A él lo había iniciado su padre en este ritual a la "madura" edad de tres años. Uno se preguntaría por qué a los preescolares se les fuerza a participar en un ritual tan grotesco, pero obviamente, este hombre no quería perder tiempo para iniciar a sus hijos "en la fe". Con razón los jovencitos musulmanes, una vez que alcanzan la adolescencia y los años de universidad, ya están listos para morir por lo que creen.

Mandato sobre mandato, línea sobre línea

Alguien ha dicho, "Enseña a los adultos, pero entrena a los niños". Su razonamiento es que los adultos ya tienen un fundamento, habilidades y herramientas para pensar y actuar de la manera que lo hacen. Pero los niños no tienen el mismo punto de referencia y se les tiene que enseñar las cosas desde sus principios.

Cualquiera que trabaja con regularidad con niños, se da cuenta de que no es suficiente con decirles que tiendan su cama, que se cepillen los dientes, o que alimenten al perro; si nunca lo han hecho antes. De hecho, es necesario demostrarles cómo se hacen estas cosas, y luego permitirles que las hagan ayudándolos paso a paso en todo el proceso. La mayoría de las veces ellos necesitan que se les demuestre repetidamente antes de que lo puedan hacer bien solos. ¡Eso es entrenamiento! Enseñar, por otro lado, consiste en darle a alguien información verbal e instrucciones.

La historia del padre Musulmán Chiíta y sus hijos, debe darnos una nueva perspectiva del tipo de discipulado espiritual que nosotros, como padres e iglesia deberíamos darles incluso a los más pequeños de los niños que están a nuestro cuidado. Deuteronomio 6, nos lleva a la forma prescrita por Dios, para que los padres instruyan a sus hijos:

4 Escucha, oh Israel, el SEÑOR es nuestro Dios, el SEÑOR uno es. 5 Amarás al SEÑOR tu Dios con todo tu corazón, con toda tu alma y con toda tu fuerza. 6 Y estas palabras que yo te mando hoy, estarán sobre tu corazón; 7 y diligentemente las enseñarás a tus hijos, y hablarás de ellas cuando te sientes en tu casa y cuando andes por el camino, cuando te acuestes y cuando te levantes. 8 Y las atarás como una señal a tu mano, y serán por insignias entre tus ojos. 9 Y las escribirás en los postes de tu casa y en tus puertas.

¿Cómo podemos saber qué tan pequeños deberíamos de entrenar a nuestros niños en los caminos del Señor? Isaías 28:9-10 tiene la respuesta:

9 ¿A quién enseñará conocimiento, o a quién interpretará el mensaje? ¿A los recién destetados? ¿A los recién quitados de los pechos? 10 Porque dice: "Mandato sobre mandato, mandato sobre mandato, línea sobre línea, línea sobre línea, un poco aquí, un poco allá."

No es suficiente decirles a los niños que pueden escuchar la voz de Dios. Necesitan ser entrenados en qué y cómo escuchar. No es suficiente decirles que Jesús puede sanar al enfermo y que ellos también. Necesitan ser entrenados en cómo deben imponer las manos sobre los enfermos

Más que simple palabrería

No es suficiente decirles a los niños que pueden escuchar la voz de Dios. Necesitan ser entrenados en qué y cómo escuchar. Tampoco es suficiente decirles que Jesús puede sanar al enfermo y que ellos también. Necesitan ser entrenados en cómo deben imponer las manos sobre los enfermos. Necesitan aprender mientras te ven hacerlo, luego ayudándote y entonces, lo podrán hacer. Así es la manera en que Jesús discipuló y entrenó a los apóstoles.

En el cuerpo de Cristo, con mucha frecuencia adopta palabras llamativas y de moda que son algo así como "el tema del día". En el pasado, algunas de esas palabras fueron: "fe", "prosperidad", "avivamiento", "buscador sensible", "profético", y así sucesivamente. Una de las palabras de moda en al momento de escribir este libro es "discipulado". Parecería que todas las iglesias están "discipulando" a alguien en sus congregaciones semanalmente. Pero si observas con atención, te darás cuenta que lo que realmente están haciendo, es tener un estudio bíblico más durante la semana. Para mí, ¡eso no es discipulado!

Mi punto de vista puede ser limitado, pero mi definición de discipulado es lo que Jesús hizo. Él actuó, habló y vivió entre sus discípulos, mostrándoles cómo enseñar, predicar, sanar al enfermo, abrir los ojos de los ciegos, echar fuera demonios y orar; posteriormente, los envió para que ellos hicieran esas cosas y las practicaran. Él estuvo en sus éxitos ***¡Maestro, aún los demonios se nos sujetan en tu nombre!*** (Lucas 10:17) y estuvo en sus fracasos, ***"Hombres de poca fe [...] Este género no sale sino con oración y ayuno*** (Marcos 9:29).

Jesús caminó con ellos durante el proceso

Los enseñó con su ejemplo una y otra vez, no dudamos que pudieron ver los milagros con más detalle y cercanía que el resto de la gente pudo hacerlo. Luego los encaminó a que lo hicieran de dos en dos. ¡Eso es discipulado! Los discípulos siguieron a Jesús a donde Él iba, miraban lo que hacía, y luego lo imitaban. Así es como nosotros en Kids in Ministry, discipulamos y enseñamos a discipular a los niños.

Nosotros no podemos ir a vivir con los niños del ministerios, ni traerlos a vivir con nosotros. Así que en un escenario moderno, debemos aprovechar la ventaja del tiempo que pasamos con ellos en el modelo de servicio semanal; y ahí entrenarlos para hacer las obras de Jesús. Esto incluye: la oración, la alabanza, el escuchar la voz de Dios, el ser guiados por el Espíritu, el sanar al enfermo, entre otras cosas. No sólo les explicamos de lo que se trata, sino que les enseñamos cómo hacerlo, y luego les ayudamos a que lo hagan.

John Tasch, quien es un excelente ministro de niños, usa esta fórmula para enseñar a los niños:

1. Yo lo hago —Tú observas
2. Yo lo hago —Tú me ayudas
3. Tú lo haces —Yo te ayudo
4. Tú lo haces —Yo observo

Eso es discipular. Eso es entrenar. Y es lo que debemos hacer con los niños.

Métodos de enseñanza efectivos

En medio de nuestra discusión de cómo ***Redefinir el ministerio infantil en el siglo 21***, los más importante es dejar atrás la mentalidad tradicional y nada efectiva de: "yo predico y tú escuchas" por la de: "ven y déjame enseñarte la manera de hacer esto". Incluso en muchas escuelas públicas los mejores maestros, están recreando diferentes escenarios en sus salones, para permitir a los estudiantes que sean participantes activos en el proceso de aprendizaje.

Por ejemplo, en lugar de los métodos tradicionales para enseñar matemáticas con suma, resta, multiplicación y división, etc., usando papel y lápiz, ellos simulan un centro de negocios en el salón, y cada niño organiza y administra una "tienda". Mientras dirigen el negocio, los niños resuelven problemas de matemáticas que se relacionan con el mundo real tales como, tratar con clientes y proveedores. La efectividad en el proceso de aprendizaje es considerablemente mayor, del método tradicional de sólo sentarse a resolver problemas de matemáticas en una libreta, aunque eso seguirá siendo parte del proceso hasta cierto punto.

En el sistema escolar americano, dos excelentes ejemplos de discipulado de niños serían: Talleres y Economía del hogar. En el taller de carpintería, los niños, y a veces niñas, aprenden, cómo construir desde mesas, pajareras y hasta casas de verdad bajo la guía de su maestro y entrenador. En economía del hogar, las niñas,y a veces niños, aprenden habilidades muy prácticas que les servirán por el resto de sus días. No adquieren sus destrezas leyendo libros o escuchando las clases, sino haciendo el trabajo, o sea, practicando. Al menos durante un ciclo escolar completo, estos niños cocinan, cosen, y construyen cosas mientras están en clases. ***Aprenden haciéndolo.***

Estas son las mismas cosas, que como ministros de niños debemos aprender a hacer para provocar que los niños sean participantes activos del Reino de Dios; formando verdaderos discípulos que saben cómo vivir su cristianismo en sus casas y escuelas. Ya sea que estemos enseñando a los niños por qué deben cerrar sus ojos y levantar sus manos cuando adoran, o cómo hablarle a la enfermedad o dolencia y ordenarle que se vaya y salga del cuerpo de la persona, los ministerios de niños deben convertirse en clínica de funcionamiento cristiano. Y esto es cuando los niños se convierten en participantes activos de las actividades del Reino, que su cristiandad llega a ser, práctica y de provecho toda su vida.

Enseñando lo que nadie me enseñó

Mientras ofrecía una conferencia infantil en Dar Es Salem, Tanzania, sobre la importancia de enseñar a los niños a escuchar la voz de Dios. Durante esos días, lo había enfatizado varias veces. Durante uno de los talleres, una joven tímidamente pidió hablar conmigo, y con lágrimas en sus ojos preguntó, —Por favor, mamá Becky, —¿me enseñas cómo escuchar la voz de Dios? Nadie me lo ha enseñado. ¿Cómo se los enseño a los niños si nadie me lo ha enseñado a mí antes?

Su pregunta era sincera, y es muy común entre los ministros infantiles, incluso entre la totalidad de los cristianos, y no sólo acerca de escuchar la voz de Dios, sino de sanar a los enfermos, operar en los dones del Espíritu Santo, etc. Es un problema real. ¿Cómo podríamos enseñar algo que nadie nos ha enseñado? Con mucha frecuencia me encuentro con esta inquietud cuando entreno a ministros y líderes de niños en las iglesias alrededor del mundo.

No he vuelto a ser la misma.

Crecí en una denominación Pentecostés que creía en la sanidad de los enfermos, e incluso la había incluido en sus dogmas de fe. Y aún así, muy rara vez vimos a alguien ser "divinamente" sanado, lo que significa una sanidad instantánea, milagrosa e inexplicable. Y de todos modos nos aferramos a la creencia toda la vida. Y no fue hasta que Charles y Francés Hunter, llegaron a nuestra área con una de sus *Escuelas de Sanidad*, que vi y experimenté las primeras sanidades. Los Hunter nunca tocó a alguno de nosotros. Ellos nos instruyeron y nos dijeron qué hacer, y posteriormente nos indicaron que nos volteáramos hacia la gente que necesitaba sanidad y orásemos por ellos. La primera vez que experimenté a alguien ser tocado por el Espíritu Santo cuando le imponía las manos, sucedió en una de esas reuniones. Por primera vez en mi vida oré por alguien y fue instantáneamente sanado. Yo también necesitaba sanidad, y una amiga oró por mí y fui sanada instantáneamente. Esas experiencias cambiaron mi vida. Alguien me enseñó qué hacer, me mostró cómo hacerlo, y luego me dio la oportunidad de hacerlo. Desde entonces, no he vuelto a ser la misma.

Y simplemente sucedió cuando estaba "tomando mi turno" en el ministerio infantil, en un grupo de la iglesia en mi casa, como se supone que todos los buenos miembros lo hacían. No sabía otra cosa mejor para enseñar a los niños de la escuela dominical, que lo que los Hunter me habían enseñado. Nadie me informó que a los niños no se les podía enseñar esas actividades de los "adultos". Inmediatamente empezamos a ver y oír de milagros de sanidad. Hasta el día de hoy, cuando regreso de visita, hay padres que me dicen: "Nunca olvidaré cuando enseñaste a nuestros niños a orar por los enfermos. Toda nuestra familia tenía gripe, y los niños oraron por nosotros, ¡todos sanamos!" Pero sucedió porque alguien, no sólo me lo enseñó, sino que me mostró qué hacer, y me dio la oportunidad de practicarlo.

Nadie me informó que a los niños no se les podía enseñar esas actividades de "adultos". Inmediatamente empezamos a ver y oír de milagros de sanidad

Tú puedes aprender

Si te encuentras en la situación de querer entrenar a los niños, pero aún no has sido capacitado (a), quiero animarte para que intentes hacer algunas cosas. Dependiendo del área de ministerio en que los vas a entrenar, ve con tus Pastor(a), dile lo que estás haciendo, y pregúntale si está dispuesto(a) a entrenarte y ser tu mentor en un área específica de las que estás interesado. Tal vez aproveche la oportunidad, y si no tiene tiempo, por lo menos te dirá quién, en la congregación te podría ayudar.

Además, recuerda que el Espíritu Santo es tu Maestro. Con Su guía busca tantos libro, casetes y videos como puedas acerca del tema, y empieza a capacitarte. Puedes aprender cualquier cosa que desees, invirtiendo un poco de esfuerzo para encontrar recursos y personas que puedan ayudarte. Pon atención en cómo dice la Biblia que Jesús hizo las cosas, principalmente en el área de sanidad, pero sin descuidar los otros ministerios. Luego guiado por el Espíritu Santo, aplícalo en cada persona enferma que encuentres, no te preocupes si cometes errores, o no ves muchos resultados. Los Hunter nos dijeron, —si oras por mil personas, y no ves sanidad en alguno de ellos, no dejes de orar, porque un día va a suceder. Entonces tu fe se va a incrementar, y con ello tu premio—. Necesitas tomar el mismo consejo. Si cuentas con dinero, ve a conferencias de sanidad donde sepas que van a dar entrenamiento específico para este ministerio.

Si estás interesado en aprender cómo escuchar la voz de Dios, u operar proféticamente, busca conferencias sobre ese tema que incluyan talleres que den oportunidad de ponerlo en práctica. Cualquier área en la que sientas que necesitas ayuda, sólo recuerda que Dios coronará tus esfuerzos. Si por algún motivo no puedes asistir a este tipo de conferencias, ni puedes suplirte libros y casetes sobre el tema, empieza a orar a Dios para que envíe a las personas que te habrán de ayudar en lo que necesites. Luego, lánzate valientemente a practicar el conocimiento que has adquirido. Estas son áreas en las que Él quiere que sepas cómo operar, así que Él te va a guiar a lo largo del camino. Incluso los "Benny Hinns" de este mundo tuvieron que comenzar en algún lugar. Hicieron lo que sabían hacer, y con el paso del tiempo, Dios aumentó su conocimiento y entendimiento. Y posteriormente sus ministerios fueron más exitosos

> Si es cierto, que el cuerpo de Cristo necesita ser equipado para el trabajo del ministerio; entonces, los niños deberían ser los primeros en la lista de candidatos potenciales, porque son enseñables y están abiertos a nuevas ideas

Los niños deberían ser expuestos a tantas áreas del ministerio como fuera posible, para que cuando sean adultos, sepan exactamente aquello para lo que fueron llamados y también, lo hayan puesto en práctica. He visto documentales en los que algunos doctores dicen, que a los nueve años, ya sabían que querían estudiar medicina. Y en una entrevista, escuché decir a la estrella olímpica Carl Lewis, que a la edad de cinco años ya brincaba las rayas de las banquetas, practicando para poder hacer realidad su sueño de convertirse en ganador de medalla de oro en las carreras con obstáculos. Incluso, el meteorólogo del canal de TV local, dijo que cuando tenía ocho o nueve años él sabía lo que iba a ser cuando creciera. "Su Santidad", el catorceavo Dalai Lama del Tíbet, Tensin Gyatso, de sesenta y nueve años, fue coronado como líder espiritual cuando solo tenía cinco años. He sabido que los líderes del Islam, con frecuencia escogen niños de tan sólo dos y tres años y los entrenan todos los días de su vida en la fe islámica. Parece que ellos van kilómetros adelante de nosotros en esta área. No es sorpresa que sus jóvenes estén tan locamente comprometidos con su causa. ¡Se la han inculcado desde que apenas tenían edad suficiente para caminar!

Si es cierto que el cuerpo de Cristo necesita ser equipado para el trabajo del ministerio, entonces los niños deberían ser los primero en la lista de candidatos potenciales, porque ellos son enseñables y están abiertos a nuevas ideas. Si el mundo sabe el valor de entrenar y dar consejería a estos pequeñitos, ¿dónde deberíamos de estar nosotros como cuerpo de Cristo?

Es más, que un ministerio de ayuda

En años recientes han habido excelentes enseñanzas para ministros de niños donde se les anima a permitir que los chicos se involucren en cada faceta de sus servicios. Esto incluye: marionetas, drama, operar equipo de sonido y video, así como ujieres, ayudantes de maestros entre otros. De corazón recomendamos aprovechar el trabajo de los niños donde sea posible. Ellos son capaces, buenos, trabajadores, y deberían ser entrenados desde temprano para ayudar en el ministerio

Pero te exhorto a que no te conformes con limitar a los niños a estas áreas naturales de ayuda práctica. Eso está bien, y es bueno, pero hay un muchas "vacantes" para ellos, y hay mucho más que eso cuando se trata de servir a Dios. No sólo eso, sino que se pueden adormecer pensando que esas son las únicas áreas de ministerio en que ellos podrían estar interesados. Ese es el problema que tenemos hoy en día con los adultos. La gente se entrena como ujieres, pero no para dar palabras proféticas capaces de cambiar la vida de la persona que se cruza en su camino. Se supone que el cristianismo es un estilo de vida. Es algo que se debe llevar fuera de las cuatro paredes de la iglesia. El ayudar en campañas de evangelismo, marionetas, drama, manejar cámaras y equipos de sonido, no es algo que pueden aplicar en su diario vivir. Y aún más importante, por maravilloso que sea enseñarles estas habilidades, no los van a ayudar a cambiar vidas y tampoco los están equipando para ser participantes de la gran comisión. Debemos enseñar a los niños a ser ministros de luz y vida, no sólo marioneteros.

Por supuesto, continua trabajando con ellos en estas áreas. ¡Pero no te detengas ahí! Ve y discipúlalos para que hagan las obras de Cristo. Entrénalos para que sean evangelistas, guerreros de oración, intercesores, grandes adoradores, sanadores de enfermos; que también sean de aquellos que escuchan la voz de Dios y se dejan guiar por el Espíritu Santo, entre otras cosas ¡No te limites! Déjate usar por Dios como mentor de esta generación. Se supone que debe ser cristiandad diaria. No permitamos que se diga de los niños que han estado en nuestros salones, que nunca sintieron la presencia de Dios, ni escucharon Su voz—. Si esto pasa, habremos fallado en la verdadera responsabilidad que tenemos de discipular a los niños.

Conclusión

Como ministros de niños y como padres debemos de empezar a ajustar la manera de pensar de cómo entrenamos a los niños, de manera que involucre un entrenamiento activo, deliberado, con propósito e incluyendo consejería. También debemos incorporar talleres para que practiquen el trabajo de ministros de Jesús, y que no se vayan sólo con teoría de dicha actividad. Y entonces, soltarlos en el campo de oportunidades, ya sea en nuestras reuniones semanales o en otros lugares. Debemos darnos cuenta que los niños son capaces de hacer todo lo que Jesús hizo, y que Él no puso límites en cuanto a quién podría o no hacer las señales, maravillas y milagros. Como encargados de los niños, necesitamos llevar el discipulado y equipamiento a nuevos niveles, y haciendo esto, en gran manera ayudaremos a redefinir el ministerio infantil y el cristianismo en el siglo 21.

No permitamos que se diga de los niños
bajo nuestro cuidado,
—que ellos nunca sintieron la presencia de
Dios,ni escucharon Su voz—.
Si esto pasa, habremos fallado en nuestra
responsabilidad verdadera de discipular
nuestros niños

En Acción

1. *Describe cómo has aconsejado y dado mentoría a los niños en alguna área del ministerio espiritual.*

    ____

    ____

    ____

2. *¿Menciona las formas , en que podrías modificar tus servicios semanales para incluir talleres de entrenamiento en áreas como: la oración, el evangelismo, sanidad etc.?*

    ____

    ____

    ____

3. *Haz una lista de personas en tu iglesia, a las que podrías pedir ayuda para consejería a niños en áreas del ministerio*

    ____

    ____

    ____

Debería de ser tan común, escuchar decir que las iglesias de niños tienen equipo de niños de: oración, sanidad, ministración profética, y evangelismo; como lo es decir que tienen Escuela Dominical

Determinando nuestro propósito

Historia de la "Escuela dominical"

La escuela dominical comenzó en Inglaterra, en la época de *Oliver Twist,* la infame novela del escritor Charles Dickens. Eran los días de los niños "limpia chimeneas", donde las familias eran tan pobres que se veían forzadas a mandar a sus niños a varios tipos de trabajos para poder suplir las necesidades económicas familiares. Muchos de ellos pasaron toda su vida en las fábricas, estaban obligados a trabajar, por lo tanto no alcanzaban ningún tipo de educación. Generación tras generación, creció sin aprender a leer ni escribir, y, esto provocó un ciclo de pobreza, porque sin una educación decente, lo único que podían conseguir eran los trabajos de menos remuneración. El crimen y la corrupción eran temas constantes en la vida de esos jovencitos, pero, finalmente, un dedicado hombre cristiano de nombre Robert Raikes (1736-1811) decidió que algo se tenía que hacer para detener ese patético carrusel de pobreza.

Él se dio a la tarea de enseñar a leer y escribir a estos pilluelos de la calle, desarrollando una escuela informal. Reclutó a tanta gente común como pudo para que le ayudara en su ambicioso proyecto. Contaban con un gran inconveniente, los niños únicamente tenían un día libre, así que el plan era reunir a los niños el único día de la semana en el que no tenían que trabajar —el domingo. Sentaron a los niños en pupitres, les dieron papel, lápiz y un libro de texto –la Biblia–. Comenzaron a enseñar y a disminuir el analfabetismo. Así fue como nació la Escuela Dominical. En el año de 1780 y para 1831 la escuela dominical en Gran Bretaña había alcanzado la cifra de 1,250,000 niños cada semana, lo cual era cerca del 25% de la población. Para muchos niños esa fue la única educación que recibieron en su vida, de hecho, ha sido llamado "el movimiento laico más grande desde Pentecostés"; e indudablemente, fue responsable de un tipo "avivamiento". en aquellos días.

Debemos aplaudir y bendecir de todo corazón el lugar que la "Escuela Dominical" ha tenido en la historia del mundo. ¡No tenemos ni la menor duda que muchas vidas han sido transformadas por el toque dado a cada área de la vida y cultura a través de los tiempos! Gracias a Dios por Robert Raikes y por los colaboradores anónimos que se dedicaron a este gran trabajo. No sólo ayudaron a estos niños de maneras muy prácticas y tangibles, sino que establecieron un fundamento bíblico sólido en sus vidas que sin lugar a duda, afectaron y siguen la sociedad en general.

Y fue sólo después de que Raikes y sus compañeros iluminaron ese sendero, que las iglesias de Inglaterra se percataron del bien que estaban haciendo, por lo que decidieron implementar la "escuela dominical" en sus programas semanales, aunque éstos no serían para enseñar a leer y escribir, sino como educación bíblica.

¿Podría ser, que lo que hemos estado tratando de perpetuar por generaciones en el ministerio infantil, es en realidad, un odre de doscientos años, que en la actualidad produce resultados limitados?

Y desde entonces, lo que hoy llamamos "Escuela Dominical", en términos generales, ha variado muy poco. Muchos programas aún sientan a los niños en mesas y sillas a la manera de las escuelas públicas. Les dan papel, y lápices para escribir, libros de texto y algunas veces los cuadernos de trabajo trimestrales, sin olvidar los dibujos bíblicos para colorear. Por supuesto que la Biblia es la base de la educación, como debe ser. A los niños se les separa en grupos dependiendo de la edad, igual que en el sistema escolar público; la atmósfera es normalmente tranquila todo muy similar al ambiente de las típicas escuelas.

La solución no son los cambios externos

Posteriormente, se desarrolló una nueva alternativa al formato de la actual Escuela Dominical. El servicio de adoración infantil, también conocido como Iglesia infantil, aunque se ha extendido en nuestros días, aún no es tan popular como la Escuela Dominical. Se estructuró siguiendo el formato del servicio de adoración de los adultos, incluyendo la adoración, alabanza, sermón y ofrenda.

Una de las principales características es que en el formato del servicio de iglesia infantil, no es necesario separar a los niños por grupos de edad, sino que se agrupan en un salón los de 6 a 12 años . El beneficio de este formato, es que reduce la cantidad de salones y maestros para cubrir cada grupo. En años más recientes, se han desarrollado células de grupos infantiles como el concepto que la iglesia tiene para crecimiento a nivel mundial. Sin embargo, el aburrimiento espiritual puede prevalecer en este estilo de ministerio, si no es evidente, la presencia del Señor en las reuniones.

De vez en cuando, salen ministerios que cambian vidas, tales como *Child Evangelism Fellowship* (Compañerismo de Evangelismo Infantil), y *Sidewalk Sunday School* (Escuela Dominical de banquetas). Su visión de cambiar vidas, provoca que éstos y otros movimientos similares sean muy exitosos y llenos de poder. Pero, sin contar las pocas organizaciones como éstas, es interesante notar que con el paso de los años, en su totalidad, han surgido muy pocas enseñanzas nuevas y creativas en el ministerio infantil.

No me refiero a cosas como añadir a nuestra metodología trampas externas como juegos, concursos, competencias, marionetas, dramas, o figurillas con globos, multimedia, etc. No tiene nada que ver con decorar con colores brillantes, pintar animales y ángeles en los salones para hacer todo visualmente más atractivo. Ni siquiera, se trata de desarrollar programas donde los niños puedan participar usando los cinco sentidos. No cabe duda, que todas estas cosas mejoran la experiencia del aprendizaje, y debemos usar todo lo que podamos para hacer la experiencia del niño divertida y emocionante en la iglesia. Lo que estoy diciendo tiene que ver con el "corazón" de la filosofía de aquello para lo que hemos sido llamados, ***de formar a los niños como discípulos de Cristo.***

Un odre de doscientos años

Pese a todo lo que acabo de mencionar, ¿podría ser que lo que hemos estado tratando de perpetuar por generaciones en el ministerio infantil es en realidad un odre de doscientos años, que en la actualidad produce resultados limitados? Por un lado, el hecho de que aún estemos usando el formato de escuela dominical, habla maravillas de la idea inspirada por Dios originalmente. Por otro lado, podría ser un síntoma del pensamiento predominante de que el niño sólo es capaz de procesar las historias bíblicas, refrigerios y dibujos para colorear. Así que, ¿para qué cambiar las cosas? O de los que piensan: –en fin, si fue bueno para la abuelita, es bueno para nosotros también–. Y que tal el de otras personas que lo ven y piensan: —si no está descompuesto, no lo arregles—. Pero si las investigaciones del grupo Barna son correctas, y en verdad estamos perdiendo a nuestros niños por "rebaños" cuando crecen, entonces, tenemos que considerar que algo en nuestro sistema no está funcionando, y necesita arreglarse urgentemente.

Si somos sinceros, hay miles de iglesias que tienen Escuela Dominical sólo porque es lo que todos hacen, o porque es lo que se espera de ellos, y no porque en verdad tengan visión y pasión por los niños

Enfatizo de nuevo, la estructura y el formato no son el problema. La realidad de Jesús se puede sentir en cualquier ambiente, teniendo un liderazgo que sepa cómo buscar la presencia del Señor, en cada reunión. En el fondo, lo que necesitamos, es examinar por qué hemos estado haciendo lo que hacemos, y cuál debería ser nuestra meta. Al planear el ministerio infantil en nuestra iglesia, deberíamos preguntarnos: **—¿Qué queremos lograr en nuestro ministerio infantil?** Y cualquiera que sea el formato, estructura, o técnicas externas que usemos, si tenemos clara nuestra meta, vamos a alcanzarla.

Sin visión el pueblo perece

Las Personas como Robert Raikes son visionarios que reciben ideas poderosas de parte de Dios y las ponen a trabajar. A medida que tienen éxito, otros se les acercan al ver los resultados y copian la idea original. Nada hay de malo en eso, mientras, al hacerlo busquen el liderazgo del Espíritu Santo. ¡Esa es la clave!

Si somos sinceros, hay miles de iglesias que tienen "Escuela Dominical" sólo porque es lo que todos hacen, o porque es lo que se espera de ellos, y no porque en verdad tengan visión y pasión por los niños, o hayan recibido dirección de Dios. Las iglesias se dan cuenta de que es necesario hacer algo más por los pequeños, sin embargo, siguen haciendo lo que todo el mundo está haciendo, sin detenerse a pensar en lo que quieren lograr o cuál debe ser su meta. Asumen que será un éxito en su iglesia sólo porque lo ha sido en otras —o al menos eso parece.

Pereciendo colectivamente

El resultado de esta acción, o falta de ella, es que terminamos con un programa sin vida que se convierte en continuos problemas. Sin una visión real, el liderazgo desarrollado se convierte en un problema. Todos conocemos la escritura que dice: **Sin visión [profética] el pueblo perecerá,** (Proverbios 29:18). Éste es uno de esos lugares donde se podría decir que ¡estamos pereciendo colectivamente!

Nadie quiere ser parte de algo que lleva poca o nada de unción, o donde pareciera que los maestros únicamente son "niñeras" y cuidan o entretienen a los niños. Esto provoca que sea difícil encontrar líderes fervientes y deseosos de dar las clases. Nadie se atrevería a usar esta terminología, pero la verdad es que con frecuencia el ministerio infantil en la iglesia se ve como "un mal necesario", y no realmente como una parte de la visión de la iglesia. Pero quizás, esto nos regresará a la mentalidad de que los niños, después de todo, no son capaces espiritualmente de gran cosa, así que lo mejor que podemos hacer con ellos, es entretenerlos en uno de los salones mientras que los adultos son ministrados. Espero que este libro logre desarraigar esa antigua mentalidad de una vez por todas. Pero, ¿a dónde iremos a partir de ese lugar? **Necesitamos comenzar con una visión.**

¿Cuál es el propósito del ministro de niños?

Al buscar a Dios para tener una visión al guiar a los niños, ya sea en el hogar o la congregación , hay dos preguntas que deberíamos hacernos:

1. ¿Cómo debe ser un niño que es "seguidor comprometido" de Jesús?
2. ¿Qué se necesita para alcanzar ese nivel?

Cada uno podría tener diferentes opiniones para estas preguntas. Sin embargo, la Biblia nos da algunas pistas referentes a cuáles deberían ser las respuestas. Primero, nos dice que *debemos amar al Señor con todo nuestro corazón, mente y espíritu, y amar a nuestro prójimo como a nosotros mismos.* Eso significa ser adoradores sinceros y entregados. Segundo, ser amantes de la Palabra de Dios y personas de oración, e interactuar constantemente con el Señor. Tercero, ser llenos con su Espíritu, caminar en poder y autoridad. Cuarto, como sus ovejas, es necesario conocer Su voz y seguir su dirección. Quinto, ser imitadores de Cristo en todas las acciones y dichos. Esto habla de asuntos de carácter e integridad de corazón. Sexto, trabajar en los negocios del Padre, esto incluye hacer todo lo que Él nos llamó hacer, desde esparcir las buenas nuevas de Jesús en cada oportunidad que se tenga, hasta, sanar a los enfermos, abrir los ojos de los ciegos, sanar a los de corazón quebrantado, liberar a los cautivos, echar fuera demonios, levantar a los muertos, etc

Me arriesgo en decir, el adulto rara vez piensa que los niños necesitan ser entrenados para el ministerio; y en la mayoría de los casos, el líder no sabe, que es una parte de su responsabilidad. ¡Pero en verdad sí lo es!

Un rebaño dentro de un rebaño

Como ministros infantiles estamos en una posición interesante, se nos ha asignado un rebaño dentro de otro rebaño. El pastor principal, quien presumiblemente funciona en los cinco dones del ministerio, ha sido colocado en el cuerpo de Cristo de acuerdo a las escrituras, *a fin de capacitar –equipar– a los santos para la obra del ministerio* (Efesios 4:12). Ese es uno de sus principales trabajos. Pero él nos ha puesto para pastorear a los niños, lo que esencialmente significa que somos responsables de capacitar y equipar a los "pequeños santos". Me arriesgo en decir, que el adulto rara vez piensa que los niños necesitan ser entrenados para el ministerio; y en la mayoría de los casos, el líder no sabe, que es una parte importante de su responsabilidad.¡Pero en verdad sí lo es!, y si él líder no lo hace, nadie lo hará. Si este es tu caso, te alumbra un poco, pero concretamente en lo que debe ser el propósito y visión en la iglesia.

Esto dará una clara dirección sobre el tipo de cosas que se debería de enseñar y predicar a los niños, así como ayudar a estructurar el ministerio de niños, como debe ser en nuestra iglesia. Todo lo que hacemos y decimos en el tiempo tan corto con nuestros niños, debería ser moldeado por este propósito. Es importante recordar, que entre otras cosas, somos quienes establecen los fundamentos espirituales en la vida del niño. Y en muchos casos, el cimiento que quede, bueno o malo, será lo único donde podrá construir por el resto de su vida.

Nuevas ideas para considerar

Hagamos un pequeño repaso de lo que hasta este punto, se ha tratado en este libro, hay que recordar a dónde vamos con los siguientes conceptos:

1. Los niños tienen hambre de un encuentro verdadero con el Dios viviente. Es necesario proveerles diversas maneras en que lo puedan experimentar.
2. Los líderes deben elevar los estándares en los temas que típicamente se han enseñando a los niños, e iniciar el cambio en la dieta espiritual, proveyendo algo de carne que puedan masticar.
3. Es importante recordar que los niños necesitan mucho más que otro sermón. Necesitan tener oportunidades para involucrarse y practicar lo aprendido, y aplicarlo a su vida de una manera muy personal.

Todo esto nos lleva al siguiente paso. Estamos obligados a iniciar un entrenamiento. Debería de ser tan común el escuchar que una iglesia que e tiene "Escuela Dominical", cuenta con equipo de niños que ministran en: oración, sanidad, profecía y evangelismo, ya que es en estas áreas y otras como el arte profético y misiones, donde los niños experimentarán la realidad de la presencia de Dios. Ellos deberían ser enseñados con la "carne de la Palabra de Dios", y entonces serían participantes más activos en el trabajo del ministerio. Esto cambia todo para los niños. El aburrimiento y el desinterés se convierten casi en cosa del pasado. Por mi experiencia puedo asegurar, que si involucran a los niños en este tipo de actividades, ¡nunca más serán los mismos! Te encontrarás con algunos niños, que por causa de los problemas en sus hogares, o escuelas, etc., no podrán alcanzar el mismo nivel que los otros, pero en su totalidad, esto va a impactar dramáticamente al grupo.

Las siguientes ideas no son originalmente mías. Han habido varios ministros de niños que las han estado usando por años, pero en silencio y en lugares escondidos o poco visibles. Muy poca gente los ha notado.

Lo que propongo, es que este tipo experiencias se conviertan en ***la corriente principal del ministerio infantil***. Además de impactar a los niños, considera lo que se podría hacer en todo el ministerio, incluyendo a maestros y auxiliares.

> El aburrimiento y el desinterés se convierten casi en cosa del pasado. Te puedo decir por experiencia, que si comienzas a involucrar a los niños en este tipo de cosas, ¡nunca más serán los mismos!

Estacas cuadradas en hoyos redondos.

Todos hemos conocidos algunos de esos maestros(as) voluntarios que hacen un gran esfuerzo para estudiar el trimestre de Escuela Dominical los sábados por la noche, muy frustrados por que a no les fluye "eso" tan fácilmente. Pero lo hacen sólo porque se comprometieron, y les cae muy bien el pastor o la directora y además tienen deseos de servir. No les molesta trabajar con niños, pero estudiar para "Escuela Dominical" es otra cosa y simplemente no es para ellos. Se sienten como un pobre tornillo cuadrado, queriendo ser atornillado en una tuerca redonda—a fuerzas—. Pongamos un ejemplo, mencionemos a uno de esos voluntarios, la "Sra. Anderson". Digamos que la hermana Anderson, realmente no disfruta enseñando a los niños de nueve años. Sin embargo sabemos que en oración de intercesión es brillante y eficiente y además es algo que disfruta y puede enseñar, es.

¿Por qué no le evitamos su frustración de enseñar la clase de Escuela Dominical tradicional, y mejor, le pedimos que organice un equipo de intercesión para niños? Y en lugar de restringir la edad del grupo, permite que cualquier niño en tu ministerio pueda inscribirse. Pídele que lo haga por lo menos de tres a seis meses, entonces evalúa si quiere continuar o no. De seguro hay más de una persona en tu Iglesia a quien le gusta orar. Tal vez a una le gusta orar por las naciones, mientras que a otra le gusta orar por el pastor y las familias de la iglesia. Cada una de ellas podría ser mentor de diferentes grupos pequeños de oración, ofreciéndoles un asesoramiento individual, genuino de uno a uno, aconsejando y equipándolos en lo que se considera una actividad para adultos. De esta forma logras varias cosas a la vez: conservas al ayudante extra que necesitas, y generas entusiasmo y emoción tanto en los maestros como en los estudiantes, dando asimismo lugar a un discipulado y mentoría con nuevas experiencias de aprendizaje para los niños.

¿Y que tal "Juan" que es extremadamente profético, y fácilmente escucha y ve cosas de parte de Dios? Prácticamente es un experto en interpretar, sueños y visiones. Incluso, ocasionalmente tu Pastor va con él por consejo. ¿Por qué no pedirle a ese hermano que entrene a un grupo de niños en el área profética? No trates de poner un programa en sus manos. Dale la libertad de enseñar en la manera que él se sienta cómodo. Podría dirigir y aconsejar una clase los miércoles por la noche por un par de meses sólo a unos cuantos niños, o enseñar algún domingo en Iglesia Infantil sobre el tema cada mes. Sin importar cómo lo haga, él y los niños van a crecer y ser fortalecidos. Anímalo a profetizarles a los niños regularmente, hablándoles de llamado, visión, propósito y destino para sus vidas. Entonces pídele que los entrene a recibir visiones, escuchar la voz de Dios, así como compartir lo que están experimentando. Ahora tienes un entusiasta voluntario porque está trabajando en un área que le gusta, y no sólo está "cubriendo un hueco" en el equipo de voluntarios.

Dando al término "discipulado" un nuevo significado

Apoyados en este tipo de discipulado, hay diversas posibilidades para aplicarlo, por ejemplo: con el que tiene el don del evangelismo, podrías llevar un grupo de niños entrenados en profecía, una hora durante tus servicios de entre semana a un centro comercial. Su trabajo va a ser dar Palabra profética de Dios a extraños que están pasando por ahí. A medida que valientemente hablen estas cosas a los extraños, se abrirá la posibilidad de hablar a la gente de Cristo. ¡Esto es cristianismo auténtico!

Posiblemente tu iglesia cuenta con un miembro que se caracteriza por su don de misericordia y siempre visita personas desalentadas en el asilos de ancianos, o tal vez ayudando en la cocina del ministerio de ayuda para la gente de la calle o niños en los hospitales. Esa persona podría entrenar a un grupo de niños e ir con ellos para orar por esa gente. Pueden entrenar a los niños en pedir a Dios ideas, por ejemplo, de cómo hacer tarjetas en las que el Señor les dé mensajes para personas específicas. Aprendiendo a ministrar a las viudas y a gente solitaria. ¡Esto, definitivamente, es cristianismo real!

> Comenzarán a percibir el poder y la presencia del Espíritu santo, ver señales y maravillas y a fluir en lo sobrenatural. Y empezará a satisfacerse el hambre que tiene su corazón de conectarse con el Dios Viviente

¿Y qué tal de aquellas personas en la iglesia que realmente tienen la unción de orar por los enfermos? De seguro que alguien estará dispuesto a entrenar a los niños de manera regular, en cómo sanar a los enfermos, y enseñarles todo lo que sabe desde, ungir con aceite hasta la imposición de manos. Después pueden llevarlos a la sección pediátrica de un hospital para que practiquen lo aprendido. Éste sería entrenamiento "de campo" para los niños donde van a encontrarse con experiencias reales de sanar a los enfermos.

Como puedes ver, esto no elimina los servicios regulares infantiles. En ellos, como líder sentarás las bases para que con los temas del sermón los puedas alcanzar. Vas a preparar el corazón de los niños y los vas a emocionar para que participen en estas áreas del ministerio. Y el entrenamiento de campo, sería más como "actividades extracurriculares". Sigue siendo prioridad el ministrar con regularidad a todo el grupo, y establecer los fundamentos bíblicos sólidos. Para aquellos que tienen hambre de más, hay opciones que les puede beneficiar profundamente por el resto de su vida. Espero que estas ideas hagan te iluminen, acerca de las diferentes opciones que hay para traer a los niños a un verdadero encuentro con Dios y como dice el viejo dicho: Piensa diferente. ¡Rompe el paradigma!

Las posibilidades son interminables

Conforme los niños sean más maduros en las áreas del ministerio, habrá oportunidades de trabajar en conjunto con los equipos de oración o de sanidad de los adultos. Promueve con tu pastor oportunidades de vez en cuando, para que los niños oren por los enfermos al final de los servicios, o en los grupos entre semana, entre otras cosas.

Las posibilidades de lo que se puede hacer, son interminables. Por ejemplo: hacer servicios especiales en los que tengan invitados con el propósito de que los niños "practiquen" la ministración profética sobre adultos. En Kids in Ministry hacemos esto con regularidad en los campamentos de verano y conferencias que nos invitan; quedamos sorprendidos del nivel de precisión con que los niños reciben palabra de Dios. Han habido algunas cosas muy profundas, que incluso, hemos grabado en video para mostrar como ejemplo de "cómo es" cuando los niños profetizan y dan "palabras" del Espíritu Santo para edificación, consuelo y exhortación (1 Corintios 14:3).

También podrías organizar actividades de alcance en tu vecindario, donde se les de oportunidad a los niños de orar por la gente por sanidad entre otras cosas. Podrías organizar un viaje misionero dentro de tu ciudad a los lugares donde se encuentran los más necesitados; o si hay comunidades de indígenas o comunidades marginadas en tu estado; ¡no te detengas!, sal de tu iglesia y constantemente busca oportunidades para que puedan poner en práctica su entrenamiento, desde la oración de intercesión, hasta el los dones del Espíritu, a sanar al enfermo y mucho más. Sólo estás limitado por la guía del Espíritu Santo, el tiempo y dinero.

Estas cosas van a cambiar radicalmente la estructura y calidad del ministerio que tus niños reciben, y vas a reducir dramáticamente la cantidad de niños que están aburridos y con riesgo de abandonar la iglesia. Van a comenzar a sentir el poder y la presencia del Espíritu Santo, a ver señales y maravillas y a fluir en lo sobrenatural de Dios. ¡Así se empezará a satisfacer el hambre que tienen en su corazón de conectarse con el Dios Viviente!

Aprender, haciendo

Leí un libro muy interesante sobre cómo enseñar eficazmente en culturas diferentes a la tuya. Está escrito por una persona de Estados Unidos a sus compañeros del occidente, acerca de cómo deben aprender a pensar diferente y enseñar de otra manera en las culturas no-occidentales, si quieren ser exitosos. Da ejemplos de algunos de los mejores maestros de naciones occidentales, que visitaron a algunos grupos autóctonos y trataron de educar a los hijos de los indígenas usando el mismo estilo Greco-Romano de salón de clases al que estaban acostumbrados. Fue un rotundo fracaso. Así que observaron a las culturas en las que estaban, y se dieron cuenta de la forma en que los padres instruían a los niños a cocinar, cazar, hacer ropa y todo lo demás en su estilo de vida. Estos indígenas enseñaban modelando y aconsejando. El autor escribió:

"Entre los esquimales, los niños asumen las responsabilidades a edad temprana, y son incluidos en actividades de adultos. Aprenden observando y haciendo, y los adultos constantemente los exhortan y dirigen..."

> Si se quiere enseñar de tal manera que se obtengan los mejores resultados, y que provoque a los niños amor por el aprendizaje de las cosas espirituales: Observar y hacer, ¡es crítico!

Alguien escribió: "...La primera vez que vi a mi hija de dos años con un gran machete en sus manos, me asusté; pero como los otros niños también cargaban sus machetes, traté de reaccionar histéricamente, como una típica madre americana quitándoselo. Como los cuchillos son una parte esencial de la vida de los Yap (nombre de una isla cerca de Indonesia), los usan para cortar la maleza, abrir cocos e incluso limpiarse las uñas; los padres entrenan a sus niños desde chiquitos en cómo usarlos apropiadamente".[1]

Considero, que los niños son una cultura en sí mismos muy parecida a esos grupos primitivos. Piensan diferente, aprenden diferente y sus costumbres y valores son diferentes a los de adultos. Así, que si queremos ser mejores educadores cristianos —o mejor dicho, consejeros y entrenadores— para los chiquitines a nuestro cuidado, debemos aprender cómo enseñarles eficazmente en su "cultura". El ejemplo mencionado es en realidad la manera exacta en que los niños deben ser entrenados en cada sociedad, no solo en asuntos de la vida diaria, sino también, en asuntos espirituales. Es el modelo bíblico dado a las familias judías.

Hay mucho más de enseñanza eficaz, que si usamos o no marionetas y DVDS en nuestros ministerios. Si se quiere enseñar de tal manera que se obtengan los mejores resultados, y que provoque a los niños amor por el aprendizaje de las cosas espirituales: observar y hacer, ¡es crítico! Un gran propósito de la infancia es el ensayar para la vida adulta. Hemos escuchado que algunos niños aprenden escuchando, otros viendo, pero por experiencia puedo decir que cada niño que he conocido ¡aprende mejor haciendo!

Conclusión

Fui propietaria de un negocio de anuncios comerciales por muchos años. Usábamos tecnología computarizada para cortar las letras de vinilo y las gráficas para los anuncios. Cuando venía alguna persona a solicitar trabajo como empleado, le preguntaba si sabía cómo usar las computadoras, y muchas veces la respuesta era no. Necesitaba gente que por lo menos supiera lo básico, ya que no contaba con tiempo para entrenarlos desde cero.

Cuando la persona era rechazada, usualmente respondía—¡pero yo sé que puedo aprender si alguien me enseña cómo hacerlo!— Como ministros de niños, al trabajar con niños, es necesario recordar que son capaces espiritualmente de hacer todo lo que Jesús hizo, si tan sólo alguien les enseña cómo hacerlo. Uno de nuestros propósitos principales como ministros infantiles es equipar a los niños para que se levanten, salgan de las bancas y hagan las obras de Jesús dentro y fuera de las paredes de la Iglesia.

Necesitamos adquirir una nueva visión de aquello a lo que fuimos llamados a hacer. Es imperativo preguntarnos, cómo debe ser un niño que es seguidor comprometido de Jesús, y qué se necesita para llevarlo a ese nivel. Al querer convertirnos en verdaderos entrenadores, y consejeros de niños, lo más importante es buscar a Dios para que nos unja con pasión para equipar a los pequeños santos, ya sea en un área específica del ministerio o por qué no ¡en todas! Y así se establecerán fundamentos espirituales sólidos, que los harán participantes activos en el reino de Dios. No olvides que lo más importante es abrir constantemente oportunidades para que ejerciten sus dones. Debemos considerar hacia dónde tenemos que dirigir el

En Acción

1. *¿Qué es lo que quieres lograr en tu ministerio de Niños? En otras palabras, ¿cuál es tu visión?.*

   ____

   ____

   ____

2. *¿Cómo debería ser un niño que es apasionado por Jesús?*

   ____

   ____

   ____

3. *¿Qué vas a incorporar de la enseñanza de entrenar y equipar, para que los niños lleguen a ser cómo describiste a un apasionado por Jesús?*

   ____

   ____

   ____

¿Habría alguien aparte de Elí que pudiera haber entrenado a Samuel de la manera que debería ser entrenado para cumplir los propósitos de Dios en la tierra? ¿Por qué tenía que ser el sumo sacerdote? ¿Acaso no había otro sacerdote en el templo que pudiera haber hecho el trabajo?

¡Elí, Elí! ¡Te estoy llamando al ministerio infantil!

Así, pudo haber sido

Elí el anciano sumo sacerdote de Israel, se encontraba acostado en su tapete, roncando profundamente. A su lado,se encontraba Samuel, un niño al que su madre había dejado a su cuidado. Esta mujer había perdido las esperanzas de concebir un hijo para disfrutarlo ella, por lo que pidió a Dios que si le permitía concebir uno, se lo dedicaría a Él. Su deseo le había sido concedido, y ella se presentó ante Elí desde hacía tiempo con el objetivo de dejarle el niño para que lo educara en el templo. De seguro fue una sorpresa muy incómoda para el anciano; pero ella le recordó que él lo había aceptado, y que incluso le había profetizado la respuesta a aquella oración. Ahora, en medio de la noche, el niño y el anciano se encontraban durmiendo juntos.

Así comienza una historia de la respuesta de Dios a una nación necesitada, Ana, una mujer desesperada ofrece su matriz para la gloria de Dios, y un Dios amoroso que le concede su deseo. Un niño especial había nacido para ser educado como libertador y juez de una nación que había perdido todo contacto con Dios. Parece que todos los participantes de este drama estaban viviendo la tragedia de un tiempo clave en la historia, y en sus propias vidas, excepto, para una, que había llegado sin que percibieran su importancia en ese momento. ¿Podría Elí, siquiera remotamente vislumbrar las implicaciones para su vida cuando le dijo a Ana, ***—ve en paz, y el Dios de Israel te conceda la petición que le has hecho—*** (1a. Samuel 1:17). Veamos este drama como *pudo haber* sucedido:

El sueño de Elí fue repentinamente interrumpido por una voz que lo llamaba. —¡Elí, Elí! Y él Aún soñoliento, volteó y miró al pequeño, Samuel. El niño no se movía, pero no había nadie más en el cuarto.

¡Samuel? —le llamó. No hubo respuesta. Se levantó y le sacudió los hombros. —Samuel, ¿necesitas algo?

—¿Mmmm,? Yo estaba dormido, Elí.—¿No me llamaste?

—No.

—¿Estás seguro qué no necesitas nada? ¿Agua? ¿Te duele el oído?

—No, estoy bien.

Desconcertado, Elí se acostó nuevamente y se durmió. La voz se dejó oír nuevamente. —¡Elí, Elí!

—¿Dime? Elí miró de nuevo alrededor, pero no vio a nadie, así que sacudió de nuevo a Samuel.

—¿Qué necesitas? Preguntó de nuevo.

Samuel lo miró vagamente. Nada, de veras, estoy bien.

—Escuché que me llamabas.

—¿Estás seguro que era mi voz? Los ojos de Elí se abrieron aún más.

—No. Yo estaba dormido, de verdad.

Está bien, hijo, disculpa, vuélvete a dormir.

Elí regresó lentamente a su tapete para acostarse de nuevo mientras se preguntaba si podría ser posible lo que su corazón le decía. ¿Le estaría hablando Dios? Se acostó, acomodó la almohadilla bajo su cabeza. No podía dormirse, tuvo dificultad volver a dormir, pero finalmente lo logró.

La voz se escuchó de nuevo. —¡Elí, Elí!

Levantó la cabeza sobresaltado con sus ojos bien abiertos y respondió, —Habla, Señor. ¡Tu siervo escucha!

—Elí, continuó la voz. —Te he enviado al niño Samuel. Él nació para cumplir mi necesidad de hacer volver a mi pueblo Israel, a mi. Tú lo entrenarás, y le impartirás todo lo que te he dado. Él es la razón de tu ministerio, tu esperanza de un fruto duradero. Te voy a enseñar cómo ministrar a los niños, cómo llevarlos a los asuntos de Dios. Él será grande, y tu vida estará satisfecha al verle disfrutar del poder y el éxito que has anhelado ver en tu vida.

Desconcertado por lo que escuchó, Elí dirigió su mirada hacia el punto de donde parecía provenir la voz. Nuevamente se recostó. Por un momento permaneció con los ojos abiertos, meditando en lo que había escuchado. Finalmente sacudió la cabeza y acarició suavemente su hombro, se acomodó bajo las cobijas. —Debe haber sido algo que comí, dijo en voz baja. —Yo sé que Dios no me está llamando al ministerio infantil.

¡Oh, Elí…[1]

Después de todo, ¿a quién llaman al ministerio de niños?

Esta historia fue manipulada en broma, por una amiga mía, y ha sido motivo de diversión mientras discutíamos sus implicaciones. Pero la interpretación de Pamela, provoca pensamientos muy serios sobre, realmente, quién es llamado al ministerio infantil. Si Elí viviera en nuestros tiempos, podría haber sido clasificado como alguien con la unción de los "cinco dones ministeriales", de acuerdo con Efesios 4:11. No puedo evitar reír con tan sólo pensar en el retorcimiento que provocaría entre los pastores y ministros de tiempo completo, la mera sugerencia de que ellos podrían ser llamados al ministerio infantil. Pero al dar vistazo a las Escrituras, vemos sólo dos ejemplos de personas que específicamente ministraban a los niños. Elí y Jesús. Ambos funcionaban en los cincos dones ministeriales, si nos fuera permitido usar este término moderno con ellos.

La otra referencia bíblica sobre esta posibilidad fue también un líder cristiano, Pedro. Después de la resurrección de Jesús, en esa famosa conversación, donde Jesús le pregunta tres veces a Pedro,—¿Me amas? Al responderle Pedro, Jesús le dio instrucciones: 1) Apacienta mis corderos. 2) Pastorea mis ovejas y 3) Apacienta mis ovejas (Juan 21:15-7).

Jesús pensaba mucho en los niños

La mayor parte de mi vida he asumido que en este pasaje Jesús se refería a los nuevos conversos cuando hablaba de los corderos, porque de seguro Él, no le estaba diciendo al "gran Pedro" que debería ministrar a los niños. ¿O sí? ¡Incluso, soy culpable de haber pasado por alto a los niños con mucha frecuencia! Pero personalmente no creo que haya sido coincidencia que Jesús le haya dicho: alimenta mis ovejas, a Pedro, otro ministro ungido con los cinco dones ministeriales. Al estudiar los evangelios de cerca, es muy evidente que Jesús pensaba mucho en los niños. Sabemos que había reprendido por lo menos una vez a los discípulos por su actitud hacia los niños. Estoy convencida que esta escritura estaba hablando de los niños, y no creo que fuera coincidencia que ellos hayan sido mencionados primero, no en segundo , ni en último lugar, como quizá son tratados hoy, en muchas iglesias. Los niños siempre tuvieron prioridad para Jesús. Él gimió en Mateo 23:37.

¡Jerusalén, Jerusalén, que matas a los profetas y apedreas a los mensajeros que Dios te envía! ¡Cuántas veces quise juntar a tus hijos [niños], como la gallina junta sus pollitos bajo las alas, pero no quisiste! Mateo 23:37 **(Versión en Inglés, dice niños)** .

Un deseo de Jesús que todavía no se cumple en la tierra, es ¡que los niños sean traídos a Él! Con frecuencia me pregunto por qué Jesús quería juntar a los niños, y que hubiera con ellos una vez juntos. Al mirar la historia con que comenzamos, surge la pregunta; ¿Acaso no había alguien aparte de Elí que pudiera haber entrenado a Samuel en la manera que él requería ser entrenado, para poder cumplir los propósitos de Dios en la tierra? ¿Por qué tenía que ser el sumo sacerdote? ¿Acaso no había ningún otro sacerdote en el templo que lo pudiera haber hecho ese trabajo?

¿Acaso sugerimos, que los pastores y ministros operando bajo los cinco dones ministeriales son llamados a ministrar a los niños? En este momento, ante la crisis de la iglesia, ¡todo debe estar abierto a discusión!

Recuerda, que la intención es discutir sobre los odres viejos, y discernir lo que el Espíritu del Señor dice, al cuerpo de Cristo hoy, con respecto al ministerio infantil, por el bien del futuro de la iglesia. En este momento, ante la crisis de la Iglesia ¡todo debe estar abierto a discusión! No puede haber "vacas sagradas" con respecto a los niños. Así que la pregunta que se vislumbra ante nosotros es; ¿acaso estamos sugiriendo que los pastores y ministros operando bajo los cinco dones ministeriales son llamados a ministrar a los niños?

Los cinco dones ministeriales

En Efesios 4:11-12 se nos dice: Y él mismo constituyó a unos, apóstoles; a otros, profetas; a otros, evangelistas; a otros, pastores y maestros, a fin de perfeccionar a los santos para la obra del ministerio, para la edificación del cuerpo de Cristo.

Aunque el término "por sí mismo" no aparece en la escritura, estos diferentes tipos de ministerio, se han conocido como "Cinco dones ministeriales" entre los cristianos. Por un tiempo, su significado se había perdido en el mundo Cristiano; pero en el último siglo, uno a uno, junto a su propósito y cualidad única, han sido restaurados nuevamente en el cuerpo de Cristo. La escritura parece ser clara, para equipar [perfeccionar, entrenar] a los santos, para que hagan aquello a lo que Dios ha llamado a la iglesia. Ella necesita el ministerio de los cinco dones para enseñar, entrenar y discipular. Y todo indica, que es el rol principal para este tipo de ministros.

Dicho de otra manera, se supone que cada creyente debería de estar sanando a los enfermos, predicando las buenas nuevas, restaurando a los de corazón quebrantado, liberando a los cautivos, etc., y no solo el clero oficial. Pero la mayoría de nosotros no sabría cómo hacer todo esto, si alguien no se toma el tiempo de enseñarnos. Ése, es el rol del ministerio de los cinco dones. Es su responsabilidad dada por Dios para entrenarnos a atender los negocios del reino. Son dones para el cuerpo; para todos aquellos que son llamados para ser entrenadores, instructores y proveedores, muy parecido a la manera en que un entrenador trabaja con un equipo deportivo profesional, equipándolo para lograr la victoria en sus juegos.

Una ola de unción

Hay algo acerca de los apóstoles, profetas, maestros, evangelistas y pastores que nos puede llevar a mayores alturas y catapultarnos a nuevos niveles de espiritualidad, debido a los dones tan especiales que traen a la congregación. Ellos tienen lo que algunos han llamado una "ola de unción", la habilidad impartida por Dios para llevarnos más allá en el Espíritu, de lo que podríamos avanzar sin ellos. Muchos podríamos testificar de cómo han cambiado las cosas en nuestra vida, después de haber sido instruidos por un maestro poderoso en la Palabra. Disfrutamos cuando un profeta nos ministra acerca de nuestro destino en Cristo. Descansamos en el poder y seguridad de un pastor genuino, quien vela por sus ovejas en el tiempo de necesidad. Hemos visto al evangelista cimbrar el corazón de los pecadores de manera que posiblemente, nadie más, podría siquiera tocar.

La pregunta que surge es ¿Podrían lograrse los niños ser impactados de la misma manera, si los exponemos directamente a este tipo de ministros con más frecuencia? Se podría debatir que Dios colocó a los padres para proteger, guiar y hablar a la vida de los niños. Es verdad. Pero, ¿acaso es lo mismo? Creo que podrías encontrar padres que han sido todas estas cosas para sus hijos, y aún así, te dirán que en la presencia de un verdadero ministro que opera en los cinco dones, han sucedido cambios importantes en sus hijos, de los que mismos pudieron lograr.

A los padres se les ha dado un lugar tan importante en la vida de sus hijos, que nadie más podría llenar. Al mismo tiempo, Dios ha puesto estos ministros en el cuerpo, para hacer lo que ningún padre, madre, amigo u otro líder podrían hacer. Y si los niños son miembros legítimos del cuerpo de Cristo, entonces, necesitan la presencia consistente de un ministro que opere en los cinco dones ministeriales en su vida.

Se podría argumentar que sólo porque son miembros de una

congregación que dirige un pastor que opera los cinco dones, esto satisfaría las necesidades del niño. Quizá. Pero necesitamos revisar la crisis actual en los ministerios infantiles de la iglesia, y concluir que algo en este plan no está funcionando.

> Si los niños, son miembros legítimos del cuerpo de Cristo, necesitan en forma regular, ser expuestos a la presencia de un ministro operando con los cinco dones ministeriales sobre su vida

La influencia estabilizadora del padre espiritual

Hace poco, dirigí un seminario de cuatro días, que llamamos, "Escuela de Sanidad para Niños", en Missouri. La pareja de pastores de esa iglesia, es muy querida, y una razón por la que trabajo con ellos con mucha cercanía en cada ocasión que puedo, es por la manera en que se involucran y el sincero interés, que como pastores tienen con su ministerio infantil. En esa conferencia, el pastor Alan y Carol, su esposa, asistieron junto a los niños en todas las conferencias. Una de mis compañeras se inclinó y me susurró con incredulidad —¿Puedes creer que el pastor ha estado en todas las sesiones? ¿Habías visto antes a un pastor sentarse con los niños en sus reuniones?, a lo que repliqué —no—, con muy pocas excepciones.

De hecho, es raro ver a un pastor interesarse mucho en los ministerios infantiles de su iglesia más allá del interés por saber que las necesidades de los niños se satisfagan. Con toda razón, pues son personas muy ocupadas a las que se les demanda mucho. Se aseguran de que haya gente de calidad a cargo de sus programas infantiles, y de que todo funcione bien. Creo firmemente que la mayoría de los pastores tienen una preocupación real por los niños de su iglesia, sin embargo, la cultura del cristianismo y su liderazgo con frecuencia consiste en mantener cierta distancia entre ellos y sus niños. Y por ello contratan pastores de niños y directores de educación. Tristemente, se podría verificar que muy es raro ver al un pastor principal, tan sólo asomarse en la puerta del ministerio infantil, y quizá no haya nada malo en eso.

Me doy cuenta que entre más grande es la iglesia, más difícil es para el pastor involucrarse en cada área. Y tan Sólo estoy sugiriendo que podría haber una relación directa entre la falta de participación del pastor ungido con los cinco dones ministeriales y la madurez y fuerza espiritual de sus niños y jóvenes.

Padres emocionalmente ausentes

Lo que el Señor me mostró mientras veía al Pastor Alan, involucrarse de manera especial, porque es más común ver a las esposas del pastores participar, fue una comparación de los hogares donde el padre está físicamente presente, pero, como lo llaman los psicólogos, "emocionalmente ausentes". Estos son hogares donde, a pesar de que los niños ven a su papá como bien-trabajador, responsable moral, y siempre en la casa, pareciera desinteresado y no se involucra en sus vidas. Los niños están emocionalmente abandonados, sin protección, y se abandona en la tarea de desarrollar identidad, valor y la autoestima. Estos niños acaban por lo regular, siendo un desastre emocional.

Hemos visto y escuchado lo suficiente como para saber que la presencia del padre en el hogar ¡tiene un impacto enorme! Considero prudente decir que sucede lo mismo en la iglesia, como familia. Donde el pastor, quien es el "padre espiritual", se involucra tanto mental como emocionalmente con los niños de la iglesia, el resultado es: niños más saludables, espiritualmente, ungidos, activos y seguros de quienes son en Cristo; en contraste con los niños de las iglesias donde el pastor está ausente del ministerio infantil. Estoy hablando de mucho más, que una simple palmada en la espalda, el abrazo ocasional, o la broma de vez en cuando después del servicio dominical con algunos niños que pasan cerca.

Volviendo el corazón de los padres espirituales

La razón por la que relato sobre la participación del pastor Alan, es la increíble madurez espiritual que veo en los niños de su iglesia, empezando con los preescolares. Nos costó trabajo creerlo, cuando nos dimos cuenta entre otras cosas, que el pastor Alan va y predica a niños al menos tres o cuatro veces al año. Sin lugar a dudas, el resultado es la fuerza espiritual de los niños.

En lo natural, adquirimos el sentido de quienes somos, a dónde vamos, y cuál es nuestro lugar en el mundo a través de nuestro padre natural. El valor que él nos transmite queda impreso profundamente en nuestra percepción. Dios es el encargado de volver el corazón de los padres hacia los hijos, y viceversa, el corazón de los hijos hacia los padres (Malaquías 4:6; Lucas 1:7). En la Biblia, el corazón representa el núcleo de la persona, el centro vital de donde todo lo demás brota, el centro de los afectos y lo que le da enfoque a la vida de una persona.

> El Señor dice que un hombre que vuelve su corazón hacia sus hijos, es la clave principal para evitar la maldición del Señor y caminar en Su bendición. ¿Será posible que el Señor esté dirigiendo la proyección del Espíritu Santo en esta área de la iglesia mundial, para que sus líderes la consideren?

Es sorprendente lo que dice el Señor: que un hombre que vuelve su corazón hacia sus niños, es la clave principal para evitar la maldición de Dios y caminar en su bendición.¿Será posible que Dios está dirigiendo el proyector del Espíritu Santo sobre esta área de la iglesia mundial, para que la consideren o vean sus líderes? Nuestros niños necesitan pastores ungidos en los cinco ministerios como padres espirituales que se interesen, se involucren, y oren por ellos, les profeticen, hablen a sus vidas tanto en lo individual como en grupo. Esto, no significa que deban encargarse de los servicios infantiles y predicarles todos los domingos en la mañana, sino que debe existir una interacción significativa entre el líder espiritual de la casa, con los niños e incluso con el más pequeño de ellos.

Líderes reconocidos se enfocan en jóvenes

Esto involucra mucho más que al pastor principal de la iglesia. También, debería incluir a todo misionero y líder de la iglesia que está bajo el manto de autoridad de los cinco dones. Es maravilloso ver a estos ministros imponiendo manos sobre los niños en largas filas de oración, profetizando sobre ellos, y hablando a sus vidas. Esto es increíblemente importante. Posiblemente, pudieran añadir un tiempo especial en su agenda para ministrar a los niños.

Es maravillos escuchar que el mundialmente conocido Benny Hinn, ahora está oficiando servicios específicamente para los jóvenes y hablando a sus vidas. ¡Gloria a Dios! ¡Está escuchando al Espíritu! Otro ministro también muy conocido que en los últimos años hace lo mismo es, Luis Palau. Y otros menos conocidos, como Bob Jones, quien va a una iglesia por un par de días, y pide hacer específicamente un servicio con los niños. Ellos nos están dando un gran ejemplo que necesita ser seguido por muchos más.

No perdamos de vista, que estamos buscando respuestas de por qué esa falta de interés en los niños por las cosas espirituales de Dios, sobre todo los niños que nacieron y crecieron en la iglesia; y por qué, los estamos perdiendo por multitudes. Necesitamos redefinir el ministerio infantil en el siglo 21, y todas nuestras tradiciones, hábitos y formas de pensar tienen que ponerse sobre la mesa y ser discutidas como áreas potenciales para el cambio.

"Engañada" para el ministerio infantil

El llamado de Dios es algo muy interesante. Sé lo que es tener la atracción en mi espíritu para servirle. Hubo muchos años en los que para mis líderes, parecía no haber alguna indicación de que yo era materia para el ministerio, en lo referente a los cinco dones ministeriales. Aún recuerdo, que en varias ocasiones pensé: "el hermano Kenneth Hagin no pudo haber sentido más claro el llamado al ministerio, de lo que yo siento". Estaba en mí, aunque este llamado no era tan evidente para los demás. Pero el pensamiento de que yo estaba siendo llamada al ministerio infantil no pasó por mi mente por muchos años. La verdad es, que en son de broma yo le decía a la gente que Dios me había engañado para conseguir que yo trabajara con niños.

> Cuando Jesús dijo, Los campos están blancos para la siega y los obreros son pocos". (Juan 4:35) Nunca fue hablado algo tan acertado con respecto al para el ministerio de niños

Empecé a involucrarme en el ministerio infantil sólo porque nadie más quería hacerlo. ¡Simplemente vi la necesidad! Me sentí justamente indignada, que ni siquiera el pastor parecía interesarse en el ministerio infantil de la iglesia; al menos, eso percibí, porque por dos años el ministerio estuvo sin líder. –Por cierto, ¡fue una mala percepción, de mi parte! Así que, con esa actitud me lancé al ruedo. Y me topé de frente con el llamado que Dios tenía para mi vida.

Bill Wilson, ese gran ministro que atiende veinte mil niños cada semana en los ghetos de Nueva York, dice lo mismo. Él nunca sintió que Dios lo llamara específicamente al ministerio infantil. Él vio la necesidad y tomó el reto. Algunos lectores podrán reconocer los nombres de otros ministros infantiles reconocidos tales como Willie George, John Tasch, Wideman entre muchos. Sus historias son similares. Nunca, ni siquiera remotamente, habían pensado en trabajar con niños. Pero a través de varios eventos y circunstancias, de pronto, se encontraron ministrando a los niños, y reconocieron, que ése, era su verdadero llamado.

¿Estás seguro de estar en el lugar correcto en el ministerio?

No puedo evitar preguntarme cuántos ministros operando con cinco dones ministeriales han tomado ministerios o son pastores itinerantes en diversas áreas, y de alguna manera han perdido de vista su verdadero llamado de trabajar con niños. ¿Por qué digo esto? Porque de los seis y medio billones de gente sobre la faz de la tierra, y siendo un tercio de ellos menores de diecinueve años; me cuesta mucho creer, que con tantos niños por ahí, Dios no haya llamado a más de su gente a servir en el ministerio infantil. Cuando Jesús dijo: l*a mies a la verdad es mucha, mas los obreros pocos; por tanto, rogad al Señor de la mies que envíe obreros a su mies. (Lucas 10:2)* No pudo ser tan acertado con respecto al ministerio infantil, en nuestros días.

Algo increíble al platicar con cristianos y escucharlos lamentarse, —la verdad es que no sé dónde es mi lugar en el cuerpo de Cristo. ¡Quisiera saber cuál es mi llamado!

— Rápidamente les digo, —bueno, necesitamos ministros infantiles— y sin vacilar responden:

—¡Discúlpeme, pero no tengo el llamado al ministerio infantil!

—¿No les parece chistoso? No saben a qué ministerio son llamados, ¡pero saben muy bien a cuál, no son llamados!

El punto es, creo con todo mi corazón que hay ministros ungidos con los cinco dones ministeriales "por allí", que pertenecen al ministerio infantil y que por alguna u otra razón, ¡no han descubierto su verdadero llamado! Amado (a) hermano (a), que esto sea un reto para buscar el rostro de Dios en este momento y específicamente sobre el ministerio de niños. ¿Sientes que tu corazón late más rápido en este momento? ¡Siéntate y date cuenta que te necesitamos!

Misioneros y sembradores de iglesias, ¡Reconsideren lo que están haciendo y dónde están invirtiendo su esfuerzo! Abran los ojos para ver lo que es obvio –A dondequiera que van en el mundo se están tropezando con niños. ¡Esto representa una necesidad gigantesca en el cuerpo de Cristo!

¿El pastor infantil, con los cinco dones ministeriales?

El Pastor principal de una iglesia muy convencido me dijo que los ministros infantiles no estaban ungidos con los cinco dones ministeriales, porque no se menciona en Efesios 4:11. Desconcertada por esta idea, le pregunté por qué dejaría que cualquier persona ministrara a los niños de manera regular, si él no creyera que no estaba ungido con los cinco dones. Y, aunque supongo que esta manera de pensar predomina entre los líderes. Me aventuraría a decir: que en el proceso de contratar personal para el ministerio, el pastor principal o los ancianos, ni siquiera considerarían este criterio al evaluarlos. ¿Alguna vez investigamos si nuestros pastores infantiles operan o no, legítimamente en los cinco dones ministeriales? ¿Es importante o no? De hecho, no conozco a muchos pastores, si es que los hay, que consideren del todo este criterio, al contratar a sus pastores para niños; más bien, tendemos a buscar gente divertida, payasos, titiriteros o buenos administradores a quienes les gusten los niños.

Aún así, es importante que los pastores, ancianos, misioneros y todo y ministro, alcancen a los niños de hoy. Pero es igualmente importante que la gente que contratamos y que ponemos directamente responsable de nuestros niños, opere con algún tipo de los cinco dones, por la misma razón que mencionamos. En las últimas dos décadas, la moda en la iglesia es de contratar 'directores de educación cristiana', que básicamente supervisan los programas educativos para todas las edades en la congregación local. Pero con todo respeto, los niños necesitan tener su propio pastor para 'pastorearlos', y entrenarlos para el ministerio de acuerdo con Efesios. Y es sumamente importante que esta persona, y no sólo el pastor principal, pueda operar en los cinco dones ministeriales.

Conclusión

La verdad es, que por muchas razones legítimas, un número muy importante de ministerios infantiles es atendido por voluntarios de la congregación que técnicamente no están dotados con los cinco dones. La pregunta que necesitamos hacernos es: ¿Será posible que estos valiosos obreros pudieran equipar a los niños en el sentido que hemos estado hablando, si no están naturalmente dotados por el Espíritu Santo para hacerlo? ¿Es importante? Lo último que quisiéramos, es hacer que estos miles de arduos trabajadores, comprometidos y amorosos, sientan que no están capacitados para impactar a los niños por no estar ungidos con los cinco dones ministeriales.—¡Nada podría estar más lejos de la verdad! **¡Somos llamados a hacer discípulos y no sólo ministros con los cinco dones ministeriales; y, o sería injusto de parte de Jesús, pedirnos hacer algo, nos es imposible hacer!** El decir que uno no puede influir positiva, e incluso poderosa, en la vida de los niños y no estar en esta categoría, sería negar el fruto de todo maestro que ha cambiado la vida de cientos de estudiantes con su influencia.

La respuesta es un categórico —¡Sí! Ellos pueden entrenar maravillosamente a los niños, mientras reciban al mismo tiempo entrenamiento, consejería y apoyo de sus pastor, para guiarlos y mantenerse junto ellos. Lo que estamos reforzando en este capítulo es que el ministro dotado con los cinco dones ministeriales, es de suma importancia en toda nuestra vida, incluso en la de los niños. Y que conforme los pastores de la iglesia y otros ministros empiecen a tomar el ministerio infantil más específicamente, les prediquen a los niños de su congregación y reconozcan su importancia como padres espirituales de la casa, esto nos llevará a otro nivel, y así estaremos redefiniendo así el ministerio de niños en el siglo 21.

En Acción

1. *Si eres el pastor de la iglesia, ¿Cómo te sientes con la idea de involucrarte personalmente ministrando a los niños?*

____

____

____

____

2. *Si ya estás involucrado, describe lo que crees que ha sido el impacto para los niños de tu iglesia?*

____

____

____

____

3. *Menciona algunas maneras en que crees que podrías animar a otros líderes de tu iglesia a involucrarse en ser mentores de niños?*

____

____

____

____

Muchos padres de familia de la Iglesia, son inmaduros espiritualmente, y no tienen hambre de lo espiritual; por lo tanto, no tienen un sentido de urgencia o necesidad de criar a sus niños para que sean

El Rol de los padres discipulado a los niños

Cambiando nuestra perspectiva

El tema en sí, de que los padres se conviertan en entrenadores y consejeros espirituales de sus hijos es enorme, y en gran medida la iglesia en el mundo está haciendo muy poco para intencionalmente equiparlos en esta área. Tristemente, en muchos casos ni siquiera se encuentra en la pantalla del radar de la iglesia. Personalmente tengo que admitir que mi perspectiva en este libro, se derivada de la actual cultura en la iglesia, donde de alguna manera a través de los años hemos llegado a creer, que era el trabajo de la iglesia local.

La práctica más común ha sido la de separar a los niños en salones para las clases, de manera que los padres y los demás adultos –incluyendo a los pastores– puedan "recibir algo" en los servicios para adultos sin distracción. Si somos honestos, tenemos que admitir, que esto ha sido más bien por un problema, que una verdadera preocupación por el desarrollo espiritual y el bienestar de los niños. De hecho, recuerdo que en alguna ocasión mis líderes me dijeron que no era una opción cancelar los servicios de iglesia infantil, porque algunos padres argumentaban asistir a la iglesia, porque que sabían que batallarían con sus hijos en el servicio de los adultos, incluso si se tratara de reuniones especiales. Sin embargo, afortunadamente estamos viendo más y más padres que están dispuestos a revertir esta tendencia, y jugar un rol más importante en la vida espiritual de sus hijos.

La fórmula bíblica

A pesar de que, por varias razones, sigo defiendo el que los niños sean ministrados a su nivel, al menos por algún tiempo, si en verdad queremos redefinir el ministerio infantil en el siglo 21, no podemos ignorar el rol tan crítico que los padres deben jugar como discipuladores principales de sus hijos.

No hay duda de que la mayoría de los ministros infantiles estaría de acuerdo, en que se reconoce fácilmente la diferencia entre la madurez espiritual y el desarrollo de los niños que se crían en familias donde se trabaja con ellos en el hogar, y aquellos que no. Esto no es un accidente. De hecho,–es la fórmula Bíblica–. Por un lado hemos usado hasta el cansancio escrituras como ***"instruye al niño en su camino"*** (Proverbios. 22:6). Pero por el otro lado, hemos perdido de vista que esto implica el rol que los padres deben de jugar en el desarrollo espiritual de sus hijos, y no las iglesias. Si en verdad queremos redefinir el ministerio infantil en el siglo 21, no podemos ignorar el rol tan crítico que los padres deben jugar como discipuladores principales de sus hijos.

> El tema de que los padres se conviertan en entrenadores y consejeros espirituales de sus hijos ¡es enorme!, y en general, la iglesia está haciendo muy poco para equiparlos a conciencia en esta área.

En algunos círculos cristianos se comenta mucho sobre volver a la manera en que "hacían las cosas en los tiempos bíblicos". Mientras que algunas de esas "maneras" no serían prácticas en nuestra cultura occidental; la forma como eran instruidos y aconsejados los niños por los padres judíos merece nuestra atención, muy seriamente. Casi todo lo que los niños aprendían, era enseñado directamente por sus padres en el hogar, incluso el oficio de la familia. Cuando la nación de Israel celebraba reuniones colectivas de oración y sesiones de ayuno, la escritura dice que llevaban a sus hijos a participar con ellos.

> ***"Por eso pues, ahora, dice Jehová, convertíos a mí con todo vuestro corazón, con ayuno y lloro y lamento. Rasgad vuestro corazón, y no vuestros vestidos, y convertíos a Jehová vuestro Dios[...] proclamad ayuno, convocad asamblea. Reunid al pueblo, santificad la reunión, juntad a los ancianos, congregad a los niños y a los que maman[...]" (Joel 2:12-16 RV60)***

En ninguna parte de Deuteronomio, libro Bíblico que deliberadamente incluye muchas referencias hacia los padres en cómo criar a los niños como adoradores de Dios, hay alguna instrucción sobre dejar a los niños en la iglesia para que reciban su educación espiritual, una vez a la semana. Al contrario, la Escritura está llena de instrucciones para que los padres tomen esta responsabilidad diariamente en el hogar. Y es precisamente aquí, donde está el desafío.

Los padres de hoy se sienten incompetentes

En promedio, cuando los padres cristianos se siente mal preparados e incompetentes para discipular a sus hijos en el plano espiritual, lo mejor que saben hacer, es llevarlos a una iglesia que tenga un buen programa para niños[1]. De hecho, es interesante notar que el hallar un buen ministerio infantil está como número uno, en la lista de por qué, una familia selecciona una iglesia a la que asistirá regularmente. Me pregunto cómo es que determinan lo que es un buen programa, cuando todo lo que saben hacer por los niños es lo que se les dio a ellos como modelo, lo cual podría ser o no ser suficiente para esa decisión tan importante.

Los padres quiere que sus hijos estén involucrados en un buen ministerio infantil, cualquiera que sea el significado para ellos. George Barna hace una observación interesante y una declaración muy fuerte cuando escribe: —Muchos de los padres que van a la iglesia no son ni maduros espiritualmente ni tienen una inclinación por lo espiritual, por lo tanto, no tienen un sentido de urgencia, ni sienten la necesidad de criar a sus niños para que sean unos campeones espirituales. Muchos padres creen que con permitir a sus hijos asistir a la iglesia regularmente y sentirse bien en general acerca de su experiencia religiosa, es lo más alto a lo que pueden aspirar. Cualquier cosa lograda más allá de ese nivel, es ganancia—[2].

Como ministros infantiles, esto impone una pesada y obligada responsabilidad sobre nuestros hombros, porque terminamos siendo los que deciden qué es lo que se necesita para transformar a los niños en campeones espirituales. Aunque sabemos que hay muchos padres que están involucrados en la vida espiritual de sus hijos, la realidad es que, para muchos, podemos ser los únicos apasionados en instruir a los niños en las cosas espirituales. Espero que este libro sea una ayuda para clarificar la dirección que tomes en instruir y formar niños maduros espiritualmente. Además, esto no significa que los padres de nuestros niños tendrán las mismas aspiraciones y valores. Muchas veces ni siquiera saben qué estándares se supone que deberían tener. Esto nos deja, como líderes de la Iglesia, en la delicada posición y necesidad de ayudar a guiar a los padres.

No queremos ser arrogantes, al pensar que sabemos lo que es mejor para los niños de otros padres, de lo que ellos mismos saben. Ese no es el punto, ni lo que estamos tratando de exponer aquí. La realidad es que algunos padres están expresando que se sienten incompetentes esta área; así que sólo estamos tratando de ayudarles. No es la forma en que Dios lo planeó originalmente, pero evidentemente, es la situación que estamos enfrentando. Nuestro rol, técnicamente, sería el de apoyar y reforzar lo que los padres están tratando de lograr en sus hogares, sin embargo, parece que en cierta manera, se han invertidos los roles en lo relativo a los asuntos espirituales.

De acuerdo con Barna, "los padres en la nación americana, admiten que uno de los más grandes beneficios que reciben al asistir a la iglesia, es que esa comunidad de fe asuma la responsabilidad del desarrollo espiritual de sus hijos. Saber que ahí hay profesionales entrenados y otros voluntarios que guían espiritualmente a sus hijos es una fuente de seguridad y consuelo para muchos de los adultos que van a la Iglesia".[3] El mensaje para los ministros infantiles aquí es que los padres de verdad quieren nuestra ayuda. Necesitamos hacer todo lo que esté de nuestra parte para guiarlos en lo que ellos pueden hacer para tomar el liderazgo espiritual y la responsabilidad en la vida de sus niños.

Abandonando el liderazgo espiritual

Barna continúa escribiendo: "Nuestras encuestas nacionales muestran que mientras que cuatro de cada cinco padres (85%) creen que tienen la principal responsabilidad del desarrollo moral y espiritual de sus hijos, más de dos tercios abdica esa responsabilidad a la iglesia. El abandono virtual del liderazgo hacia sus hijos es evidente por lo poco que se involucran en actividades orientadas a lo espiritual con ellos. Por ejemplo, descubrimos que en una semana típica, aproximadamente uno de cada diez padres que asiste a la iglesia regularmente con sus hijos, lee la Biblia u ora junto a ellos, sin contar las horas de comer, o cuando participan en algún acto de servicio en la comunidad como familia. Y peor aun, —menos de uno en cada veinte— tiene momentos de adoración con sus hijos, aparte del tiempo que pasa en la iglesia, en un mes típico".[5]

> El abandono virtual del liderazgo hacia sus hijos es evidente, por lo poco que se involucran en actividades orientadas a lo espiritual con ellos.[4]

Esto es revelador y realmente puede explicarnos mucho acerca de los retos que encaramos los ministros de niños tratando de crear hambre espiritual en los niños en del ministerio. Muy poca gente, —adultos o niños—, puede subsistir con una casi nula interacción con el Señor durante la semana, y luego al llegar a la iglesia el domingo por la mañana con mucho deseo por la Palabra y querer echarse un profundo clavado en la adoración. Todos debemos nutrir en forma regular nuestra relación con el Señor para poder mantenernos con hambre y deseosos de más de Él.

No son muy claras las declaraciones de Barna, si esos padres tienen una vida con devocional diario, separada de sus hijos. Sin embargo, te pudiera sorprender escuchar al pastor decir que él enfrenta el mismo reto en tratar de animar a los adultos de su iglesia a que pasen tiempo con el Señor durante la semana. Si éste es el caso, entonces, tenemos una doble batalla:

1. Motivar a los padres a que ellos mismos busquen al Señor mediante la oración, adoración y el estudio de la Biblia en sus hogares, luego
2. Motivarlos a que hagan lo mismo con sus hijos.

Ideas sobre actividades espirituales en familia

Debemos motivar a los padres a compartir con sus hijos su devocional diario, ya que esto le permitirá mejorar su influencia espiritual sobre ellos. Pensando en esto, podrías pensar en diferentes maneras de compartir esto con los padres, dándoles ideas de lo que pueden hacer juntos como familia. Si los padres no saben cómo empezar, hay varios libros que abordan este tema, al final de este libro, encontrarás las "notas" con referencia de algunos.

Las formas más obvias en que los padres e hijos pueden interactuar es orar y leer la Palabra de Dios juntos, leer libros de historias bíblicas o libros de devocionales para niños, dependiendo de su edad, . Pero algunos hogares, los niños pueden resentir los largos momentos de "estarse quietos". En esos casos se necesita buscar otras ideas creativas y formas emocionantes de actividades relacionadas. Los libros que mencionamos serán de mucha ayuda. Por experiencia puedo decir, que los niños que tienen padres que en la casa trabajan con ellos en el aspecto espiritual, están más abiertos a las cosas de Dios en mis servicios, que aquellos que no lo hacen. Cualquier cosa que tengan los padres como prioridad, es lo que los niños tendrán la tendencia a valorar más.

> Idealmente, la meta de ver a los niños transformarse en campeones espirituales debería ser la visión de los padres, y así empezarían a tener una idea de qué tipo de estándares espirituales deberían tener para sus niños y niñas.

Comparte tu visión con los padres

El trabajo de cómo llevar a los padres al lugar que les corresponde como líderes espirituales de su hogar, será un desafío, y una meta a largo plazo. En realidad, es necesario que en su totalidad, se convierta en parte de la visión de la iglesia, y ¡no sólo del departamento del ministerio infantil! Mientras te sientes más seguro(a) y convencido(a) acerca de la dirección que quieres tomar espiritualmente con tus niños, te ayudaría mucho le comunicas a los padres tu visión y nuevas prioridades. Quizá esto les ayude a tener una idea, de lo que como padres deberían desear para sus hijos espiritualmente, específicamente, si hay alguna forma en la que ellos puedan motivar y reforzar en su casa lo que estás haciendo en la iglesia.

Una manera muy práctica sería, hacer esto en forma de boletín, que podrías entregar o enviar por correo a cada familia. Éste podría ser, mensual o trimestral para padres y abuelos; también podrías tener una reunión, comida o merienda con los padres, en donde compartirás la inquietud de tu corazón y la visión de lo que realmente es el verdadero potencial espiritual de sus hijos y cómo ayudar a desarrollarlo. Incluso podrías pedir al pastor que te permitiera hablar diez o quince minutos cada trimestre con la congregación, ahí podrías compartir la visión que tienes para los niños de la iglesia. Finalmente, en lo que progresas en el entrenamiento de los niños, podrías pedirle al pastor oportunidades para que los niños puedan ministrar a la congregación de alguna manera. ¡Ver es creer y entender!

El objetivo es informar a los padres sobre lo que esperas lograr con sus hijos, en especial, al comenzar esta nueva aventura de entrenar los niños para la obra del ministerio. Idealmente, la meta de ver a los niños transformarse en campeones espirituales debería ser la visión de los padres, y así, empezarían a tener una idea de qué tipo de estándares espirituales deberían tener para sus niños y niñas. E incluso, este nuevo modelo podría despertar más hambre de Dios también en los padres.

Experimenta con nuevas ideas

El ayudar a los padres a que tomen control del entrenamiento espiritual de sus hijos, es algo con lo que la mayoría de nosotros en el liderazgo de la iglesia está aun experimentando. Hace poco, en un ministerio infantil de mi comunidad, que dirigí entre semana, habíamos trabajado mucho en animar a los padres y abuelos a asistir a las reuniones con sus niños, haciendo los servicios involucrando a diferentes generaciones. Aunque el contenido estaba aun adaptado para los niños, me propuse buscar diferentes formas en las que los padres e hijos pudieran interactuaran, en lugar de sólo sentarse y escucharme.

Por ejemplo, una semana la lección fue sobre la alabanza. Les pedimos que se juntaran por familias. Si alguno los padres de alguno, no había asistido, nos aseguramos de que todos tuvieran un grupo. Les pedimos a los padres que buscaran varios salmos con sus hijos, y que juntos buscaran tantos motivos, como les fuera posible, por los cuáles deberíamos alabar a Dios. En otro servicio le pedí a los padres que se agruparan con sus hijos y les compartieran el testimonio de cómo se habían hecho cristianos, sabiendo de antemano, que muchos niños lo han escuchado; y es tan importante que lo sepan de sus padres, como lo es, que conozcan su historia familiar secular.

En muchas reuniones todos pasamos al frente a orar. Algunas veces oramos por las misiones del mundo o por personas específicas que conocíamos. Los animamos a que compartieran una oración, una palabra de conocimiento, una mini-visión que hubieran recibido durante la oración y así sucesivamente. Regularmente, estos son nuestros servicios más poderosos. Todas las generaciones trabajan juntas intercediendo unos por otros. El propósito es abrir el pensamiento de los padres a las diferentes maneras en que ellos se pueden involucrar en la vida espiritual de sus hijos y acostumbrar a la familia a tener actividades espirituales junta.

> Finalmente, lo que queremos es que los padres desarrollen la urgencia y necesidad de criar a sus hijos como campeones espirituales; debido, a que muchos sienten que en este momento están perdidos

Conclusión

En el proceso de redefinir el ministerio infantil en el siglo veintiuno, debe haber una alianza fresca entre los padres y la iglesia. Una amiga que dirige un equipo infantil de oración me dijo, "mis mejores intercesores espirituales son aquellos cuyos padres participan en su entrenamiento espiritual en sus hogares". Esto debe reforzar la importancia de entrenar y equipar a los padres para continuar en el hogar lo que hemos estado haciendo en el ministerio infantil con sus hijos. De alguna manera, debemos darles las herramientas, la confianza, y el entendimiento para continuar el proceso espiritual diariamente con sus hijos. Podríamos iniciar, hablándoles sobre el potencial espiritual de sus niños. Mientras que nosotros como ministros infantiles y líderes comencemos a ver a los niños como seres espirituales importantes, podremos enseñar a los padres cómo ellos podrían enseñar a sus hijos a caminar en lo sobrenatural de Dios, tanto en la casa como en la escuela y aun en sus juegos. Esto va a requerir un nuevo enfoque de cómo conducimos el ministerio infantil, y al hacer esto, seguiremos redefiniendo el ministerio infantil en el siglo veintiuno.

En Acción

1. *¿Cuál es el grado de preocupación de los padres en tu iglesia acerca de su rol en el discipulado espiritual de sus hijos?*

____

____

____

2. *¿De qué maneras podrías comenzar a ayudar a los padres a darse cuenta que necesitan establecer metas espirituales para sus hijos?*

____

____

____

3 *¿Cuáles son algunas cosas que puedes implementar en el ministerio para involucrar a los padres en la vida espiritual de sus hijos.*

____

____

____

Con los millones de niños en el mundo, de seguro algunos de los miles y miles de músicos son llamados a ministrar a los niños.Los músicos deberían considerar la posibilidad de que son llamados al ministerio infantil también

Los Músicos y el Ministerio de Niños

Abandono musical

La música que es alabanza y adoración, continúa siendo un acertijo en el ministerio infantil. La calidad de la música en los servicios de adultos, es uno de los aspectos más importantes que la gente considera cuando va a decidir a qué iglesia o grupo pertenecer. Estamos conscientes y hasta "consentidos" por la maravillosa adoración y alabanza disponible por radio, televisión, conciertos, CDS, y DVDS disponibles en librerías cristianas o por el Internet. Diciéndolo de otra manera—a los cristianos les gusta la alabanza y adoración tanto, que podrían pasar por alto un sermón mediocre en un servicio, si la música es lo suficientemente buena.

Pero, encontrar buena música para los niños es un desafío. Y Encontrar buena alabanza y adoración en un servicio infantil es un reto aún mayor. Hasta hace poco la única música buena que podías encontrar, era apropiada para niños de cinco a ocho años. En esa categoría parece que abunda la música excelente. Pero para los mayorcitos hasta los doce años, francamente no hay mucho disponible. Han habido muy buenas compañías que han aceptado el reto y producido muy buenos productos, pero aún hay mucho por hacer. Cualquiera que está en contacto con esta generación, aunque sea remotamente, sabe lo importante que es la música para ellos en el área secular. Es completamente razonable que sea de esta manera también en el mundo cristiano. La música que cantemos de niños será la música que cantaremos en nuestra edad avanzada. Es vital ahora, y para nuestro futuro, que podamos ofrecer a nuestros niños buena música que honre a Cristo.

Los que estamos en el ministerio infantil nos damos cuenta de que la buena música en nuestros servicios con los niños es tan importante, como lo es con los adultos. En muchos casos hemos tenido que convertirnos en expertos en la producción de servicios con alabanzay adoración de calidad y ungidos con el fluir del Espíritu, usando CDS y DVDS por la escasez de músicos en vivo disponibles para nosotros. Hasta cierto punto se puede hacer, pero es, definitivamente—¡todo un reto!

Sin embargo, para redefinir el ministerio infantil en el siglo veintiuno, en realidad necesitamos apelar a los cientos y miles de músicos cristianos que sienten el llamado para la alabanza y adoración. Los músicos necesitan considerar la posibilidad de que pueden haber sido llamados al ministerio infantil. En un capítulo anterior dije que encuentro difícil creer que no haya más pastores(as) ungidos con los cinco dones ministeriales llamados al ministerio infantil, ¡con tantos millones de niños sobre la faz de la tierra! Mi punto de vista es que con tan enorme número de niños, es difícil creer que Dios no esté reclutando más ministros ungidos con los cinco dones ministeriales para entrenar a los niños; y de la misma manera, también se me hace difícil creer que con miles y miles de músicos en nuestras filas, que la gran mayoría de ellos no han sido llamado para adorar y alabar con los niños.

> Los niños son tan capaces de llegar en profunda adoración al trono de Dios, como los adultos, e incluso con más hambre.

Hay una desesperante necesidad de músicos, en el cuerpo de Cristo, ya sea produciendo buenos casetes y CDS o ayudando como músicos en vivo en los servicios infantiles. Que yo sepa, hay muy pocos ministerios infantiles que se pueden dar el lujo de tener en forma regular músicos tocando en vivo en los servicios para niños y que estén comprometidos con el ministerio. Las grandes iglesias parecen tener una ventaja en este aspecto, pero no los ministerios promedio de las iglesias. Asimismo, puedo contar con la mano, los músicos misioneros que están comprometidos con el ministerio infantil y que están seriamente consagrados con la alabanza y adoración para niños.

Los niños aman la adoración profunda

Algunas de las razones por las que no hay más músicos en vivo con los niños, son muy prácticas; muchas iglesias prefieren tener a sus niños en el santuario principal durante la alabanza y adoración con los adultos. En algunos casos, las instalaciones no son apropiadas para música en vivo debido al gran espacio que se requiere para los instrumentos, etc. Algunos ministerios infantiles no se pueden costear el equipo de sonido requerido para un grupo en vivo, y tampoco tienen gente capacitada que pueda manejar el equipo. Pero tenemos que entender, que cualquiera que sea la razón, los niños raramente alcanzan su máximo potencial, si lo único que experimentan es la alabanza y adoración en los servicios con los adultos o usando CDS.

En una de las iglesias que pastoreaba, tuvimos a los niños en la alabanza con los adultos por años. Pero una vez que comenzamos a tener alabanza y adoración solo para nosotros, los niños empezaron a progresar espiritualmente a un nivel mucho más elevado, a pesar de la limitación de no tener música en vivo.

Otro problema práctico es que las iglesias pueden estar limitadas en el número de músicos de calidad disponibles, incluso para el servicio de los adultos. Generalmente, esto sucede especialmente en las iglesias pequeñas. Pero yo fui parte de una congregación grande donde los músicos abundaban, parecía que eran "a peso la docena", y aún así, nadie quería comprometerse a tocar con los niños más de una vez al mes. No querían perderse la oportunidad de tocar en el grupo con los adultos. Yo estaba muy agradecida de tenerlos cuando podía, pero era difícil poder crear un flujo consistente en alabanza y adoración con diferentes músicos cada semana y con tan variados estilos de música.

Cómo se percibe la adoración de niños

Es posible que una razón por la que no haya más músicos que quieran trabajar con los niños, es por la manera en que los perciben —como que no tienen profundidad espiritual. Se entiende que los músicos quieran penetrar en las profundidades de la alabanza con Dios, y quieren permanecer ahí, tanto como sea posible. Hay algo especial en poder guiar a una gran congregación a la sobrecogedora presencia de Dios, y no es esto lo que se percibe en los servicios de los niños. Pero debería saberse que los niños son tan capaces de ir hasta el trono de Dios y alabarle, como lo son los adultos, y aún más hambrientos de hacerlo.

De hecho, han habido momentos en que he podido sentir la presencia de Dios más fuerte en reuniones infantiles, que en los servicios dominicales promedio de la iglesia. Cuando los niños son entrenados, ellos fácilmente se pueden perder profundamente en la adoración. Recuerdo un domingo por la mañana, como pastora de niños, que tuvimos un momento de adoración en el que absolutamente no podíamos sacar a los niños. Se rehusaban a detenerse para continuar con la siguiente parte del servicio. Lo capturamos en video, y de vez en cuando, lo vuelvo a ver. Me quedo sorprendida cada vez que lo veo, de cómo los niños no querían dejar la presencia de Dios.

De hecho, hubo ocasiones en los servicios del domingo por la mañana donde los niños eran los últimos en salir de la iglesia, los padres, literalmente, tenían que venir y llevárselos de la presencia de Dios al estar adorando. Debo agregar, que en cada uno de esos servicios daba la casualidad, que teníamos el privilegio de tener música en vivo. Me pregunto, hasta dónde pudimos haber llevado a los niños espiritualmente si hubiéramos tenido consistentemente ese nivel de música poderosa en vivo cada semana

> Los niños no necesariamente entran y gravitan, en la adoración en automático, sólo por lo que han observado a los adultos adorando.

Me haré más indigno que esto

Una de las cosas por las que se conoce el ministerio infantil es por los coros con coreografía. A los niños les encanta y los necesitan. Cuando se hacen bien pueden ser tan ungidos como la alabanza y adoración convencional. Tomar la música contemporánea y agregarle movimientos de brazos y pasos de danza ¡puede ser algo poderoso para ellos! ¡La presencia de Dios puede llenar el salón de absoluto gozo en esta forma de alabanza! ¡Puede también guiarnos a la intercesión profética e incluso a la guerra espiritual! Quizá todos necesitamos tomar el reto del canto que dice "Y me haré más indigno que esto", en especial si esto lleva a los niños a niveles más altos en el Espíritu. Algunas veces te puedes sentir indigno al agitar las manos vigorosamente, inclinándote y levantándote, y quién sabe que otros movimientos más. Pero algo pasa en la atmósfera cuando entramos con esta forma de adorar y los cantos tienen letra que glorifica poderosamente a Jesús. Dios se hace presente de una manera muy única y especial.

Un gusto adquirido

Los niños no necesariamente penetran y gravitan en adoración automáticamente. De alguna manera se va –adquiriendo el gusto– para ellos. Pero, por lo común, tiene que ver con lo que observan de los adultos en sus servicios de adoración. Ellos están "conectados" de una manera muy diferente a los adultos, y tal como en los sermones, les gustan cosas diferentes. Por ejemplo, los cantos típicos de los adultos tienen mucha letra para ellos. Necesitas escoger canciones "amigables". Para que los niño puedan cantar y disfrutar el canto, necesita tener pocas palabras y repetitivas. Cuando la canción es sencilla, la pueden aprender y cantar con más facilidad y además la disfrutan mucho. Con frecuencia, el coro de un canto popular es fácil para ellos, pero las estrofas los sobrepasan por tener muchas palabras.

Así que a lo mucho, es mejor cantar una estrofa, y cantarla una y otra vez con el coro, en lugar de cantar todas las estrofas del canto. Así los niños pueden aprenderlo rápidamente. Cuando una canción es fácil de cantar y se les hace familiar, pueden ser guiados a la presencia de Dios más fácilmente y con menos resistencia. Nuevamente, es más fácil de lograr con música en vivo que con CDS, porque existe la opción de cambiar las cosas haciéndolas más simples.

Algo muy importante que debemos recordar es el no usar cantos "aniñados" o "para bebés" especialmente cuando los niños mayores están presentes. Esto es muy degradante para ellos. Lo siento, pero "Nuestro Padre Abraham" aunque es divertida, ¡no estimula a la presencia de Dios! Apégate a la música madura que incluso los adultos podrían disfrutar.

Aconseja, entrena, equipa

Como en otras áreas, los niños necesitan ser entrenados y guiados a qué hacer durante la alabanza. El que vean a los adultos levantar sus manos y cerrar sus ojos un millar de veces, no necesariamente significa que ellos van a copiar sin que se les anime. Aún en esa situación, se les necesita dar razones por las que deberían levantar sus manos o cerrar sus ojos. ¿Cuál es el objetivo? Nunca incites o fuerces a los niños a hacer estas cosas, dales razones prácticas de por qué es bueno hacerlo, y cómo les puede ayudar a entrar a la presencia de Dios.

Establece bases con buenos ejemplos. Enseña cada semana un poco sobre la alabanza. Dales algo nuevo para pensar y hacer cada semana para que así, no se les haga predicible y aburrido ese tiempo. Por ejemplo, una semana podrías enfatizar sobre el postrarse y arrodillarse delante del trono. La próxima vez, ondea estandartes y banderas en honor y adoración al Rey. La siguiente semana danza con las manos levantadas y mirando hacia arriba. Pide al Señor ayuda para ser creativo en esta parte de tu servicio para que sea un tiempo que ellos esperen con ansias. Por último, no te preocupes en repetir los mismos cantos semana tras semana. Entre más se familiaricen los niños con los cantos, más libremente van a participar. Eso no quiere decir que no introduzcas nuevos cantos, sino que, no deberías tener nuevos cantos cada semana.

El deseo para nuestros niños debería ser el darles toda ventaja concebible para que crezcan lo más que se pueda en el Espíritu. Esto tendrá que incluir música.

Conclusión

Si vamos a completar todo el espectro de redefinir el ministerio infantil en el siglo veintiuno, tendremos que tocar el tema de la música. Los niños necesitan aprender cómo adorar al Dios viviente, y lo pueden hacer si alguien se toma el tiempo para enseñarles. Necesitan saber qué hacer, cómo hacerlo y es importante que sepan, por qué hacen lo que están haciendo. No van a caer automáticamente en adoración, no es algo que les vendrá naturalmente, pero pueden aprender si se les enseña diligentemente.

Soy lo suficientemente radical para creer que necesitamos darles a los niños lo mejor: los mejores predicadores, los mejores maestros, los mejores profetas, los mejores evangelistas, los mejores apóstoles y claro, ¿por qué no?, los mejores músicos. Necesitamos dejar de darles a los substitutos o los inexpertos en cada área. Se ha profetizado que la última generación va a preparar la segunda venida de Cristo. Y si realmente ésta es la generación de la que hablan los profetas, tendremos que volvernos fanáticamente apasionados y obsesionados en entrenarlos con lo mejor de todo, para que sean verdaderos discípulos del Maestro.

Nuestro deseo para los niños debería ser el darles toda ventaja concebible para que crezcan lo más que se pueda en el Espíritu. Esto tendrá que incluir música en vivo –alabanza y adoración. Posiblemente va a necesitar una nueva generación de cantantes, escritores y músicos que quieran pasar tiempo con niños curiosos e inquietos. Tenemos que apoyarnos por completo en el Espíritu Santo para que nos conduzca al lugar santísimo, pero con la ayuda de músicos hábiles y apasionados, podremos catapultarlos a donde queremos que lleguen en un oleaje de adoración. Por favor, músicos: ¿nos podrían ayudar a redefinir el ministerio infantil en el siglo veintiuno?

En Acción

1. *Como ministro infantil, ¿Cómo crees que es la alabanza y la adoración en tus servicios?*

   ____
   ____
   ____

2. *¿Percibes que los niños verdaderamente han estado adorando y alabando a Dios en espíritu? ¿Qué puedes hacer para mejorar su actitud?*

   ____
   ____
   ____

3. *Si no tienes opción de contar con músicos, ¿qué es lo mejor que puedes hacer para mejorar el tiempo de alabanza en tus servicios inmediatamente?*

   ____
   ____
   ____
   ____

Segunda parte:

El Proceso

No hubo palabra alguna de todas las cosas que mandó Moisés, que Josué no hiciese leer delante de toda la congregación de Israel, mujeres y NIÑOS*[…]
Josué 8:35RV2000

*(Énfasis mío)

Es hora de empezar

¡En sus marcas! ¡Listos fuera!

En la primera parte de este libro hemos dedicado mucho tiempo a resaltar las razones que soportan la necesidad de redefinir el ministerio infantil en el siglo veintiuno. Todo ello te podría parecer mucha teoría. Probablemente todavía te preguntes cómo será un ministerio infantil que abarque todas estas áreas. Si nunca has visto niños que profeticen o que impongan las manos sobre los enfermos, etc., seguramente aun tienes muchas dudas.

Cada ministerio será distinto, dependiendo de las fortalezas, el interés, la unción y las personas que estén disponibles en cada iglesia para apoyar. Sin embargo, en los siguientes capítulos presento un bosquejo de diversas ideas que he usado en mi ministerio, así como de las que he visto en algunos ministros infantiles que activamente han estado equipando a los niños que se encuentran en su área de influencia. Esto te ayudará a visualizar cómo determinar tus metas, e incluso te proporcionará métodos prácticos para hacer cosas similares en tu iglesia.

Después de haber enseñado estos principios en una iglesia, los colaboradores del ministerio infantil y los padres me decían: "¡No sabía que fuera tan fácil!" En realidad, sí es fácil activar a los niños en las obras de Cristo. Verdaderamente espero que al leer los siguientes capítulos, se disipe el misterio que envuelve este concepto. Mi oración es que tomes firmemente la visión de levantar a una generación de evangelistas, profetas, apóstoles, y de adoradores radicales y fervientes que no teman esparcir el evangelio hasta los confines de la tierra. A medida que vayas dando pasos, te iras uniendo a las filas miles de personas que están ayudando a redefinir el ministerio infantil en el siglo veintiuno. ¡En sus marcas! ¡Listos! ¡Fuera!

Después de la salvación, no hay otro tema más importante que enseñarles, que el del bautismo en el Espíritu Santo

Los niños y el Espíritu Santo

Comenzando al principio

Frecuentemente me asombro, al viajar por Estados Unidos y por todo el mundo, al ver que muy pocos niños que han crecido en iglesias carismáticas y pentecostales están llenos del Espíritu Santo. Si no reciben esta experiencia en la iglesia, y los padres sienten que no están preparados para guiarlos en esto, ¿de dónde la van a obtener? Y si no es durante la infancia, ¿cuándo? Como lo detallaré más adelante en este capítulo, cuanto más nos tardemos en guiar a los niños a esta experiencia, menos posibilidades tendrán de recibir este precioso don.

Después de la salvación, no hay otro tema más importante que enseñarles, que el del bautismo en el Espíritu Santo. Jesús dijo que necesitamos esta experiencia, y resaltó el hecho de que los discípulos tenían que ir a Jerusalén a esperar la promesa del Padre. No dijo que quienes necesitan esta experiencia son las personas mayores de edad, o los padres de familia. Cristo dijo que todo creyente necesita ser lleno del Espíritu Santo.

Si los adultos lo necesitan, los niños también lo necesitan. Pedro lo dijo en Hechos 2:39: "*porque para vosotros es la promesa, y para vuestros hijos [énfasis mío], y para los que están lejos; y para cuantos el Señor nuestro Dios llamare*". Antes de ascender al cielo, Jesús dijo a sus discípulos: "*Estas señales seguirán a los que creen [énfasis mío]... Hablarán nuevas lenguas.*" Si los niños son creyentes, ésta es una señal que debe seguirles. De acuerdo a la Escritura, si un niño puede ser salvo, también puede ser lleno del Espíritu Santo.

No me queda claro por qué este tema se ignora o se evita actualmente, en tantas iglesias carismáticas de Estados Unidos. Pero es necesario avivarlo y traerlo a primera fila de nuevo, porque en ello yace el poder para la vida y los milagros.

De niña y hasta la juventud pertenecí a lo que hoy es la denominación pentecostal más grande del mundo. Hace pocos años, su líder compartió en público que sólo el 25% de sus miembros ha sido lleno del Espíritu Santo, y ha recibido el don de lenguas. Me quedé perpleja. Cuando niña, ese mismo tema fue el que provocó que "nos pusieran de patitas en la calle" y no nos aceptaran en otras denominaciones de la ciudad. Esa era nuestra marca de identificación. Era lo que nos diferenciaba dentro del cuerpo de Cristo. El escuchar que está a punto de extinguirse esa experiencia en el círculo pentecostal me parece devastador. (Por cierto, esto es diametralmente opuesto a lo que sucede en otras naciones de todo el mundo. Incluso, en las denominaciones principales, un número significativo de sus miembros habla en lenguas. Hay casi tantos carismáticos como cristianos de las denominaciones principales en otras naciones, pero desafortunadamente, el problema parece ser el mismo con respecto a guiar a los niños a esta experiencia).

> Si no reciben esta experiencia en la iglesia, y los padres sienten que no están preparados para guiarlos en esto, ¿de dónde la van a obtener? Y si no es durante la infancia, ¿cuándo?

Al continuar redefiniendo el ministerio infantil en el siglo veintiuno y en los venideros, es imperativo que este tema ese al principio de lista de lo que es necesario cambiar en cuanto a la forma actual de ministrar a los niños.

Algunas razones por las que los niños deben ser llenos del Espíritu

Debido a la falta de atención que normalmente se le presta en muchos ministerios infantiles, es necesario repasar los propósitos bíblicos de la importancia de ser llenos del Espíritu, y comentar específicamente acerca de una de las señales que le acompañan; es decir, el hablar en lenguas. Tomando en cuenta las diferencias en las creencias de los cristianos carismáticos y de los pentecostales, lo que estamos planteando es que las lenguas son una parte significativa de esta experiencia, y que además existen otras señales del ser llenos del Espíritu. Sin embargo, al revisar las siguientes escrituras, parece que el hablar en lenguas es una experiencia sobrenatural que se presenta con beneficios muy específicos, que es sobre lo que queremos centrarnos.

Este asunto de hablar en lenguas como una parte de la experiencia de ser llenos tiene dos caras: el lado personal, y el público. Se trata de los beneficios personales para el creyente en lo individual, aunque los niños también pueden ser usados en el marco público. Veamos si alguna de las áreas que a continuación se mencionan sería valiosa para los niños. Para un estudio más completo sobre el tema, recomiendo leer "Diez razones por las que todo creyente debería hablar en lenguas" (Ten reasons why every believer should speak in tongues) de Kenneth E. Hagin.1

1."*Y recibiréis poder cuando haya venido sobre vosotros el Espíritu Santo, y me seréis testigos[...]*" (Hechos 1:8) ¿Necesitan los niños el poder en su vida? El poder tiene varios propósitos; tanto para vencer las tentaciones y el pecado, como para compartir las buenas nuevas de Cristo con valentía y sin avergonzarse. ¿Necesitan los niños vencer el pecado y las tentaciones? La respuesta es un "sí" rotundo. ¿Tienen ellos la responsabilidad de hablarle a otra gente de Jesús? Lo son, si en verdad son seguidores de Cristo, según lo que Él mismo dijo. Es parte de ser su discípulo.

2."*El que habla en lenguas se edifica a sí mismo*[...]" (1a. Corintios 14:4) y "*edificándoos sobre vuestra santísima fe, orando en el Espíritu Santo[...]*" (Judas 20) "Edificándoos" significa edificándose uno mismo. Edificar significa levantarse moral y espiritualmente. ¿Se sienten los niños deprimidos o desanimados en ocasiones? ¿Habrá alguna razón por la que necesiten ser edificados, animados o fortalecidos en su hombre interior? Si es así, entonces se les debe animar a hablar en lenguas.

3."*Porque con lengua de tartamudos, y en lengua extraña hablará a este pueblo, a los cuales Él dijo: Este es el reposo; dad reposo al cansado; y éste es el refrigerio*" (Isaías 28:11-12). ¿Se cansan y se aburren los niños de las circunstancias y de la vida misma? ¿Podrían beneficiarse en algún momento descansando en el Señor y refrescándose en su presencia? Si así es, entonces el orar en lenguas los beneficiaría.

4. "*Les oímos hablar en nuestras lenguas las maravillosas obras de Dios*". (Hechos 2:11, 1Corintios 14:15-17) El orar en el Espíritu nos da un enfoque nuevo para agradecer y glorificar a Dios. ¿Deberían los niños dar gracias y glorificar a Dios? ¿Acaso también a ellos se les acaban las palabras a veces, como nos sucede a nosotros? Si es así, entonces deben hablar y adorar en lenguas.

5."*Y de igual manera el Espíritu nos ayuda en nuestras debilidades; pues qué hemos de pedir como conviene, no lo sabemos, pero el Espíritu mismo intercede por nosotros con gemidos indecible*". (Romanos 8:26) ¿Sabrán los niños cómo orar adecuadamente siempre? Ni nosotros los adultos sabemos siempre cómo orar. Ésta es una razón importante por la que se nos han dado las lenguas – para saber que nuestra oración está alineada con la voluntad de Dios en circunstancias que no entendemos en lo natural. Por tanto, un niño, que aún no tiene las herramientas para entender las palabras complicadas de los adultos, se beneficiaría mucho si pudiera ser un vaso puro a través del cual el Espíritu Santo orara.

Muchos niños reciben al Espíritu Santo tranquilamente y sin fanfarrias y, sin embargo, es una experiencia genuina. En otros casos, hay un derramamiento tal que los niños lloran y sollozan casi sin control en la presencia de Dios

Demasiado pequeños para entender

Una de las críticas más comunes acerca de los niños que son llenos del Espíritu Santo, es que son muy pequeños para entender lo que están haciendo, o muy chicos para darse cuenta de qué se trata, y por lo tanto, no deberían ser llenos del Espíritu. Me encanta comentarles a esos mismos adultos: ¡Ah!, ¿me estás diciendo que tú sí entiendes esta experiencia de hablar en lenguas? Entonces, por favor, ¡explícamela!" Ninguna persona que sea honesta puede decir, siquiera remotamente, que entiende cómo puede alguien hablar fluidamente en una lengua que nunca ha aprendido, o qué está sucediendo en el ámbito espiritual al estar orando en lenguas.

De hecho, a veces pienso que los niños lo entienden mejor que los adultos, porque no tienen el hábito de dejar que la mente les estorbe en lo que están haciendo. Una vez que aprenden a fluir con Él, son excelentes para seguir la guía del Espíritu.

La primera vez que alguien me confrontó en cuanto a esto, fue una ocasión en la que un padre de familia estaba furioso porque me atreví a mencionar este tema ante su hijo de nueve años en una de las reuniones infantiles. —¡Es demasiado pequeño!,"— me dijo. Después discutir un poco, y de que el pastor le asegurara que la iglesia estaba de acuerdo con lo que yo hacía, le dije básicamente que si no estaba de acuerdo con que su hijo fuera lleno del Espíritu Santo, no debía traerlo a nuestros servicios. Se calmó y ya no dijo nada. Unas semanas después, cuando prediqué sobre el tema y les di a los niños la oportunidad de ser llenos del Espíritu, su hijo fue uno de los primeros que lo recibieron y hablaron en lenguas.

¡Es imposible equivocarse!

Es importante recordar cuán hambrientos están los niños de lo sobrenatural, y que ésta es una de las principales experiencias de este tipo que tendrán en su vida. Los niños, en su mayoría, se mueven en estas cosas con mucha facilidad. Muchos reciben al Espíritu Santo tranquilamente y sin fanfarrias y, sin embargo, es una experiencia genuina. En otros casos, hay un derramamiento tal que los niños lloran y sollozan casi sin control en la presencia de Dios

La primera vez que sucedió esto en una de mis reuniones, quedé desconcertada, al igual que los demás. Más o menos veinticinco niños, desde preescolares hasta adolescentes, pasaron al frente porque querían que Dios los usara para hacer cosas grandes para Él. Al estar en silencio en el altar, les pregunté cuántos habían sido llenos del Espíritu Santo. Me impresionó que menos de la mitad levantó su mano. Así que, de inmediato, les pregunté a los demás si querían ser llenos; los guié en una oración, y les dije, "Muy bien, comiencen a hablar en lenguas ¡ya!"

Como es común, muchos se quedaron parados sin saber qué hacer. Comencé a poner las manos sobre ellos, uno por uno. En eso, el Espíritu Santo me susurró, "¡Diles que, en esto, es imposible equivocarse!" Empecé a repetir esto una y otra vez. De repente, del otro lado de la fila, un murmullo de voces explotó en gritos, llorando, lamentando y clamando. Al caminar de un lado al otro de la fila para ver qué estaba pasando, los niños estaban plenamente en la presencia del Señor. Absortos, como no hubiera nadie más en el salón, les rodaba las lágrimas por las mejillas; algunos estaban de rodillas; otros, tirados en el suelo, y casi todos hablaban en lenguas.

> Me he dado cuenta muchas veces que los niños tienen tanta hambre, que ni siquiera es necesario imponerles las manos. Sólo les digo..."¡ahora!", y el Espíritu desciende sobre ellos de manera sorprendente

Una lluvia de un millón de dólares

Estaba estupefacta por el despliegue de emoción que demostraban, me sentí un poco como Steve Irkle del antiguo programa de televisión "Family matters" (Asuntos de familia) pensando, "¿Apoco yo hice eso?" El Espíritu Santo me habló estas palabras, —¡esto es una lluvia de un millón de dólares! Por haber crecido en el campo, sabía, exactamente lo que eso significaba. Era un agua muy necesitada en un suelo seco, justo a tiempo para salvar la cosecha.

Después, una de las madres me llamó y me contó acerca de su pequeña hija quien había sido llena esa noche. La niña le dijo a su mamá, —La hermana Becky nos dijo que era imposible cometer un error, así que lo intenté, y sucedió—.

En estos días, aunque no es muy común, es una experiencia regular ver a los niños tocados por emociones tan tremendas cuando son bautizados en el Espíritu. Algunos niños se estremecen en el suelo por horas bajo el poder y demostración de Su presencia. Me he dado cuenta que tienen tanto hambre que ni siquiera es necesario imponer manos sobre los niños en forma individual. Solamente los llevamos con una profunda alabanza y adoración a la presencia de Dios, y solo les digo —¡ahora!— y el Espíritu desciende sobre ellos de manera sorprendente. Nunca me canso de ver a niños completamente tomados por la mano de Dios, derritiéndose en un montón de emociones sobre el piso ante Su presencia, cuando no han sido tocados por mano humana alguna.

Entre más pequeños mejor

Una de las observaciones más interesante que he hecho en el transcurso de los años, es que, entre más chico es el niño, le es más fácil ser lleno por el Espíritu Santo. Entre más grande más difícil, en especial, si están asistiendo a una iglesia pentecostal o carismática. Una y otra vez he visto a preescolares ser llenos más rápido que niños de doce años, y el recién convertido, hablar en lenguas más pronto que el que ha sido criado en la iglesia.

Muchos padres me han dicho que sus niñitos –apenas aprendiendo a caminar– han hablado en lenguas antes de hablar inglés o su lengua natal. Unos amigos me platicaron de su hija cuando iba en su silla para bebés en el asiento trasero del carro, cuando sólo podía decir unas cuantas palabras en inglés; ambos padres, al mismo tiempo escucharon a su hija balbucear palabras incomprensibles, se vieron el uno al otro y dijeron, —¡escuchaste eso? Al seguir escuchando se dieron cuenta claramente que era una lengua desconocida, y no solo el balbuceo infantil.

En mi experiencia personal, habiendo crecido en un hogar cristiano, puedo decir con honestidad que no tengo idea de cuándo fui llena del Espíritu Santo. No recuerdo un momento en particular o lugar en especial donde haya sucedido por primera vez; mis padres nunca me dijeron de algún momento en que yo haya pasado al frente a recibirlo. Solamente sé que crecí con la habilidad de hablar en lenguas. De hecho, pasé una temporada siendo niña ya grande en que me cuestionaba si lo que tenía era genuino, porque no tenía una experiencia específica en que basarme. No estaba segura si lo estaba inventando o era real. Todo lo que sabía era que podía hablar en lenguas. Por fin dejé de luchar y empecé a disfrutar esa experiencia. He conocido a otros niños que han pasado por lo mismo.

Es importante, que como adultos, no demos cabida a ideas preconcebidas de lo que es una experiencia válida para los niños y lo que no es. No esperes que tengan una experiencia "adulta", como la que tú tuviste. Si les sucede, ¡que bueno!, pero no los enjaules o limites.

En el jardín de niños —el momento ideal

Los preescolares y el Espíritu Santo - un tema muy amplio para el cual no tenemos tiempo para entrar a detalle. Pero después de verlos completamente abiertos y sensibles para con el Señor, he llegado a la conclusión de que el mejor momento para introducir a los niños a esta experiencia es entre preescolar y los primeros años de primaria. Se resisten menos porque aún no han desarrollado la costumbre de tratar de entender las cosas con la mente. Simplemente aceptan lo que se les dice.

No es necesario empujarlos ni forzarlos a entrar en esta experiencia. Es suficiente tan sólo hablarles de las lenguas con regularidad, porque es una parte de la vida normal, la cual está disponible para "cualquiera que lo desee," porque Dios nos escucha. Te sorprenderás de cuántos niños de preescolar pasan a la fila cuando su maestro empieza a hablar en lenguas durante el tiempo de oración y alabanza. Es posible que durante varias semanas no muestren interés; pero de repente vas a estar rodeado de un montón de niños y niñas que corren alrededor de ti hablando en lenguas desconocidas, mientras siguen coloreando sus dibujos.

El mejor momento para introducir a los niños a esta experiencia es entre preescolar y los primeros años de primaria. Se resisten menos porque aún no han desarrollado la costumbre de tratar de entender las cosas con la mente.

La primera vez que guié a un grupo de niños en el bautismo del Espíritu Santo, ni siquiera sabía que tenía el llamado al ministerio infantil. Simplemente estaba participando en el departamento de niños, como todo buen adulto lo hace de vez en cuando. Pero, en realidad, estaba preparando el terreno, y esos niños tenían hambre de más de Dios. Cuando hice el llamado, más o menos veinte niños y niñas de todas las edades se arremolinaron alrededor de mí. Los guié en oración y les di la libertad de hablar en lenguas. Fue la primera vez que me di cuenta de lo difícil que es para los niños mayores, que también aman al Señor y han crecido en nuestra Iglesia, ponerse en la fila y hablar en lenguas. De todos modos, la mayoría recibió algo del Señor ese día. En medio del grupo había un niño güerito, de ojos azules, de aproximadamente cuatro años de edad, que se llamaba Kyle. Cuando lo miré, tenía los ojos abiertos, estaba masticando chicle y viendo para todos lados a los demás niños. No estaba haciendo desorden ni molestando a nadie, así que no le llamé la atención: parecía que no estaba recibiendo nada.

Al final del servicio vino su mamá y me dijo: —Kyle me dijo que fue lleno del Espíritu Santo hoy."

—Confundida, le dije—, No, no fue así. —Estaba paradito, masticando un chicle y mirando hacia todos lados.

—Bueno, —me dijo—, ¡dice que puede hablar en lenguas!"

No podía creer lo que estaba escuchando, así que fui a buscarlo. Cuando lo encontré, le dije: —Kyle, tu mamá dice que hoy fuiste lleno del Espíritu Santo. ¿Es cierto?—

—¡Mff! —Asintió—.

—¡Quiero escucharte hablar en lenguas! — Le dije con escepticismo.

¡Inmediatamente comenzó a hablar con fluidez! Sucedió tan rápido que ni siquiera me di cuenta. ¡Estaba muy sorprendida!

Recomiendo ampliamente que entrenes a tus maestros de preescolar a hablar sobre el Espíritu Santo. Exhórtalos con frecuencia a que hablen y adoren en lenguas en el salón, sin tratar de empujarlos; luego ve lo que sucede. Creo que te vas a sorprender de lo fácil que es que sean llenos. Por supuesto, estamos asumiendo que con frecuencia les darás amplia oportunidad de que reciban a Cristo como su Salvador.

A mayor edad, mayor el reto

Entre mayor sea el niño, el asunto cambia totalmente. Hay muchas cosas por las que pasa un niño que ha crecido en torno a la experiencia del Espíritu. En primer lugar, han sido testigos de las manifestaciones del Espíritu en los adultos durante muchos años, y nunca han podido entender qué es que lo hacen. Si les preguntas, te dirán, —no sé cómo hacer eso. Es decir, están tratando de entenderlo con el intelecto, y esto no se puede entender así, de manera que están en un problema. Parece que nadie se ha tomado el tiempo para explicárselos. Así que, han llegado a la conclusión de que no lo pueden recibir.

Segundo, lo ven principalmente como una actividad de adultos, y se han hecho a la idea de que no es para ellos, por lo menos hasta que crezcan. Ni siquiera saben concretamente qué es lo que hacen los adultos, ni qué es lo que les emociona tanto acerca de esta experiencia.

Tercero, en la mayoría de los casos, no se le ha dado prioridad a este asunto en los servicios infantiles, por lo que no ha habido necesidad de ello, o no se ha creado el hambre para desear esta experiencia. Al fin y al cabo que ya son salvos, y no han tenido ningún problema sin el bautismo en el Espíritu. Así que, ¿para qué lo necesitan? Sin necesidad, sin hambre, no lo pueden entender. Estas son las razones principales por las que pareciera que, entre más grande sea un niño que ha crecido en la iglesia, más difícil le será ser lleno del Espíritu Santo. Si llegan a la adolescencia sin haber tenido esta experiencia, son muy pocas las posibilidades de que lo reciban más adelante.

> De la misma manera que debemos ser sal de la tierra para provocar sed de Cristo en la gente, el apetito espiritual de los niños por lo sobrenatural debe estimularse, y, francamente, sucede muy pocas veces en los ministerios infantiles.

Mi amigo de Tanzania, Glorious Shoo, quien durante muchos años ha sido ministro infantil, se sorprendió mucho la primera vez que vino a Estados Unidos. Trató de guiar a un grupo de niños al bautismo del Espíritu Santo. Dice que, en su país, los niños lo reciben casi inmediatamente después de que él ora por ellos. Pero aquí estaba desconcertado por la falta de respuesta de los niños de la iglesia. Después de orar y darle vueltas a la situación durante algún tiempo, llegó a la conclusión de que había poca hambre de tener esta experiencia, cuando en África los niños están desesperados por Dios.

Los niños recién convertidos reciben muy fácilmente

Esto pudiera parecer una contradicción con respecto a lo que he estado diciendo en cuanto al hambre de los niños por lo sobrenatural. Pero no olvidemos que de la misma manera que debemos ser sal de la tierra para provocar sed de Cristo en la gente, el apetito espiritual de los niños por lo sobrenatural debe estimularse, y, francamente, sucede muy pocas veces en los ministerios infantiles.

En muchos casos ni siquiera se les da la opción, por lo que no saben mucho acerca de lo que es tener hambre del Espíritu. Su espíritu necesita despertarse a lo que está disponible para ellos. En contraste, cuando ven una película de Harry Porter, o las caricaturas del sábado por la mañana, ven los beneficios inmediatos o las cosas "buenas", de lo que pueden lograr al echar mano del mundo espiritual, y lo buscan. ¿Qué es lo que se les ha enseñado en la iglesia? Yo me atrevería a decir que si mi amigo Glorious hubiera ido a un grupo de niños paganos e incivilizados, y los hubiera guiado al nuevo nacimiento, ¡otra cosa habría sido!

Los niños nativos americanos, hambrientos de Dios

Lo siguiente me sucedió en una reserva de indios llamada Ute, en un viaje misionero de una semana. Para la tercera noche me pude percatar que mi función sería manejar el autobús y llevar a los niños yo sola, atravesando el escabroso poblado, a los servicios. Lo primero que pensé fue el reto tan grande que fue mantener el orden en el servicio la noche anterior; los niños estuvieron corriendo por todos lados. El imaginármelos en mi autobús, ¡créanme que no me era placentero!

Pero cuando los llevé a su casa esa noche, me di cuenta, que en el fondo eran niños muy tiernos. Era un grupo de niños mayorcitos, de entre diez a doce años. La primera noche de la cruzada, la mayoría tuvo la experiencia de ser tomado por el Espíritu Santo por primera vez, y se la pasaban diciendo que querían regresar la siguiente noche y que Dios los "tumbara" de nuevo. Decidí aprovechar el momento y preguntarles si alguna vez habían sido llenos del Espíritu Santo y si habían hablado en lenguas.—¿Así cómo esos niños, y cómo el pastor Fred? —Preguntó una niñita. El pastor Fred es Navajo, y pastorea la única iglesia del evangelio completo en el estado de Utah. Fue nuestro anfitrión en esa reunión, y los niños asistían a su iglesia sólo ocasionalmente, cuando alguien los podía llevar. Les dije que sí; me di cuenta que tenían hambre de todo lo que Dios tuviera para ellos. Al explicarles de qué se trataba, de su propósito para nuestra vida, y de cómo recibirlo, se amontonaron a mis pies como un nido de pajaritos con la boquita abierta, deseando el alimento celestial.

Impusimos las manos sobre la cabeza de cada uno, los guiamos en oración para que recibieran el bautismo del Espíritu Santo, y cinco de los seis empezaron de inmediato a hablar en sus lenguas celestiales de oración. Durante el resto del trayecto a sus casas, lo único que quisieron hacer fue hablar en lenguas o cantar algunos de los cantos que aprendieron esa noche en el servicio.

Pocos años después, en un poblado pequeñito de Dakota del Norte que tiene una población de doscientos cincuenta habitantes, tuve la oportunidad inusual de ministrar el evangelio durante varias semanas a trece niños protestantes de primaria, de entre ocho y doce años de edad, con la aprobación de la escuela y de los padres. Los trece, de los cuales ninguno asistía a la iglesia, recibieron a Cristo durante la primera semana que estuve con ellos. Muy pronto me empezaron a decir de los cambios que habían ocurrido en sus vidas como resultado de ello. Oré por ellos en lenguas un par de veces, y les expliqué lo que estaba haciendo, pero nunca sentí que debía enseñarles sobre el Espíritu Santo. La última semana que estuve ahí, antes de irme, impuse mis manos sobre cada uno de ellos y oré. Harlan, uno de ellos, como de diez años, se quedó mirándome bajo su cabello ondulado color chocolate y ojos cautivantes.

Él los guió en oración y el Espíritu Santo descendió poderosamente en todo el salón. Los niños comenzaron a clamar, a llorar y a orar en lenguas, tan fuertemente que toda la escuela se distrajo y se incomodó.

Cuando le impuse las manos, tenía la certeza en mi espíritu de que él quería hablar en lenguas también. Le dije, —Harlan, tú quieres ser lleno del Espíritu Santo, ¿verdad?— Emocionado, me dijo que sí con la cabeza. Comencé a explicarle más de lo que significaba eso. Le dije que lo iba a guiar en una oración, y que iba a poner las manos en su cabeza.

Aun no había terminado de explicarle cuando me di cuenta que sus labios se estaban moviendo rápidamente, aunque no estaba diciendo nada. Me detuve, sonreí, y le dije, —Ya lo estás haciendo, ¿verdad? Sólo asintió con la cabeza y siguió susurrando en lenguas. Harlan estaba muy abierto; ni siquiera tuve la oportunidad de orar por él. ¡Simplemente lo recibió, él solito!

Los niños lo reciben en la escuela pública

Hace un par de años, recibí un reporte fascinante de mis amigos de Tanzania, acerca de unos niños a los que el Espíritu Santo llenó en una escuela pública en su ciudad. Tanzania tiene una ley en la constitución, que obliga a todas las escuelas públicas a dar una hora a la semana de instrucción religiosa a todos los alumnos. Es una ley que ha estado en vigor desde que Inglaterra dominaba ese país. Al gobierno no le importa qué religión se les enseñe, así que los cristianos tienen una puerta abierta para predicar el evangelio. Sin embargo, por problemas internos, como la falta de dinero para pagar a los maestros, en ocasiones hasta durante un mes o más, a veces los maestros no se presentan a dar clases.

Ese día, así sucedió; el maestro de la clase de religión no se presentó. Los alumnos se sentaron pacientemente, pero como el maestro no llegaba, un niño de once años empezó a enseñarles a los demás acerca del bautismo del Espíritu Santo. Al final les preguntó cuántos querían ser llenos, y todos levantaron la mano. Los guió en oración y el Espíritu Santo descendió poderosamente en todo el salón. Los niños comenzaron a clamar, llorar y orar en lenguas tan fuertemente, que el ruido llamó la atención de toda la escuela, porque las ventanas de esa escuela no tienen vidrio. Los maestros vinieron de todas partes para ver lo que estaba sucediendo. Una de ellas, que era monja católica, pensó que los niños estaban endemoniados y fue a buscar un a cura para que expulsara a los demonios. Una hora después, los niños se calmaron y por fin pudieron explicarles a los maestros lo que había sucedido realmente. Todo esto fue porque un niño tomó la iniciativa, y se dejó guiar por Dios. El potencial de los niños bajo la influencia del Espíritu Santo es sorprendente.

Conclusión

El ser llenos del Espíritu Santo y la habilidad de hablar en lenguas son fundamentales para el estilo de vida sobrenatural en el que queremos que entren nuestros niños. Antes de poder abordar los capítulos sobre la oración, la sanidad, el ministerio profético, etc, es necesario hablar de todo lo anterior, lo cual debería ser automático en la forma de educar a nuestros niños en las cosas de Dios. Debería ser algo tan común como ofrecerles la salvación. Esperamos que este capítulo produzca un cambio permanente en nuestra actitud con respecto a traer a los niños a la llenura del Espíritu Santo. Al hacerlo, estaremos fundamentalmente redefiniendo el ministerio infantil en el siglo veintiuno.

Porque será grande delante de Dios.
No beberá vino ni sidra, y será lleno
del Espíritu Santo, aun desde el vientre de su
madre Lucas 1:15

En Acción

1. *Durante el último año, ¿Les has enseñado a los niños en tu ministerio sobre el bautismo en el Espíritu Santo durante? Si no, ¿por qué?*

2. *¿Podrían los niños darte las razones por qué es importante hablar en lenguas? ¿Y asistentes adultos?*

3. *¿Cuál es tu preocupación personal, de los padres o de los líderes en cuanto a enseñarles a los niños sobre este tema? ¿Qué puedes hacer para superar este problema?*

Es muy importante dedicar tiempo a crear una expectativa por lo sobrenatural, y fomentar el deseo y hambre por este don, cuando pareciere ser que no lo han tenido hasta ese momento

Guía práctica para encaminar

Enfrentando tus miedos

Mi miedo más grande en cuanto a guiar a los niños en el bautismo del Espíritu Santo era: ¿Qué tal si oro por ellos y nada pasa? Queriendo decir: ¿Qué tal si no hablan en lenguas? ¿Qué pensará la gente? ¿No es interesante que podríamos vernos tentados a privarles de esta experiencia por causa de nuestro propio orgullo y cómo nos veríamos frente a las personas? Entonces, otro ministro de niños me aseguró que los niños reciben con facilidad. Por fin intenté hacerlo. Traté de actuar con más confianza de la que en verdad tenía, y no permitir a los niños saber que yo tenía dudas acerca de que unos recibirían y otros no. Si alguno preguntaba, decidí asegurarle firmemente, así que siempre le respondía ¡que Dios sería fiel en hacerlo.

También concluí, de todos modos estamos en el sótano de la iglesia. Si cometo errores y me veo como una tonta, ¿quién se va a dar cuenta? Además los niños no saben si lo estás haciendo bien o mal, así que ¿Qué puedo perder? ¡Vamos a intentarlo!

Para mi deleite, descubrí lo que siempre supe. ¡De todas manera… no dependía de mi! Sería Dios quien u honraba su Palabra, o no sería mi problema. Cuando renuncié a mi misma en esto, cesó la presión y posteriormente, con cada intento vi resultados cada vez mayores con los niños. Mientras yo confiaba, ellos confiaban también. Y en cuanto a la llenura del Espíritu Santo ¡es lo mismo!, ya sea, que guíes niños o adultos. Aprendí a hablar siempre positivamente a los niños diciéndoles, –¡Cuando pidas, vas a recibir! y nunca deberíamos insinuar, "algunos de ustedes recibirán, y quizá otros no". Eso es mortal para el resultado que deseas. Si generas expectativas con tus palabras, ellos creerán lo que les digas.

Pide y recibirás

En realidad no hay mucho que uno deba o pueda saber en cuanto al proceso de guiar a alguien al bautismo. El modelo de la Biblia es muy básico —si tú pides y recibirás. Lo que normalmente sigue es el hablar en lenguas. El libro de Hechos habla de la imposición de manos en el proceso, pero no es un mandato. Cornelio y su casa empezaron a hablar en lenguas cuando Pedro estaba en medio de su sermón. Obviamente, nadie les impuso las manos.

> Si ellos no tienen un entendimiento claro y sólido de por qué deberían orar de esta nueva manera tan extraña, no valorarán el don, y será una perdida... ya sea por falta de uso o por abuso.

Ya sea con niños o adultos, siempre será extremadamente bueno que antes del llamado se dé una buena enseñanza sobre el tema. El peor momento para mi de llevar niños a esta experiencia, es llamarlos 'en frío' al altar cuando no he tenido la oportunidad de hablar sobre el tema. Así que sólo en pocas ocasiones hago eso, a menos que sienta la guía del Espíritu Santo de hacerlo de otra manera; como en el caso de Harlan. De lo contrario siempre será mejor si se enseña por lo menos un sermón sobre el tema, para que los niños entiendan el valor verdadero de la experiencia y el beneficio que traerá a sus vidas.

No te apresures

Nunca deberíamos de estar con apurados para orar por ellos y correr el riesgo de establecer un buen fundamento sobre este tema tan crítico, en los niños. Es muy importante dedicar tiempo para crear una expectativa por lo sobrenatural, y fomentar el deseo y hambre por este don, cuando pareciere ser que no lo han tenido hasta ese momento. Por lo regular me gusta dedicar una sesión completa al tema de quién es el Espíritu Santo, y el papel que juega en nuestras vidas como maestro, guía y consolador. Es muy valioso dedicar una lección a lo que Jesús dice sobre esto y lo que pasó en Pentecostés.

También me doy cuenta que vale la pena enseñar por lo menos una clase sobre el tema de "hablar en lenguas", si se puede más, ¡mejor! Porque hay muchos malentendidos sobre este don. A los niños esto les da mucha curiosidad, y tienen miles de preguntas cuando a ellos les sucede. Enseñar sobre el tema anticipadamente, los protege y les contesta muchas preguntas. Para mí es casi injusto esperar que hablen en lenguas cuando casi nada saben sobre el tema o por qué es importante. Si ellos no tienen un claro y sólido entendimiento de por qué deberían orar de esta nueva manera tan extraña, no valorarán el don, y será una perdida… ya sea por falta de uso o por abuso.

Instrucciones —breves, concisas y sencillas

Cuando llega el momento de guiarlos al bautismo, si has hecho un buen trabajo con la enseñanza, necesitas dar las instrucciones en el altar breves, concisas y sencillas. Como todas las cosas que Dios tiene para nosotros, no hay maneras correctas o incorrectas ¡no hay fórmula, de cómo hacer las cosas! La mayoría de las veces cuando hago un llamado al altar a los niños, es de la misma manera que se haría para salvación. Entonces, después que ya que pasaron al frente, hago el llamado a los otros niños que ya han sido llenos y pueden hablar en lenguas a que se paren en círculo tras ellos para darles apoyo moral.

Hago esto por dos razones. Primera, quiero que los niños que responden al llamado, escuchen a otros niños hablar en lenguas en vez de solo a los adultos, así saben que los niños también pueden hacerlo. Segunda, quiero incluir a otros niños en el proceso para que sientan que Dios los está usando, y para que aprendan a guiar a sus amigos después. No debemos dar a los niños la impresión de que sólo los pastores, evangelistas o misioneros están calificados para hacerlo. Esto es parte del ministerio del creyente, y entre más pronto entrenemos a los niños a tomar la iniciativa, mejor estará el cuerpo de Cristo.

Recuerda —¡el trabajo de los líderes es equipar a los santos para hacer el ministerio! Nuestro trabajo como ministros de niños ¡Es equipar a los pequeños santos!

La música es una ayuda poderosa

No es absolutamente necesario, pero el tener buena música de adoración es muy útil para preparar el ambiente con una atmósfera dulce en el salón. Como el ministerio infantil rara vez se puede dar el lujo de un grupo en vivo, sería muy bueno que previamente selecciones buena música de adoración en CD, consigue un reproductor, y déjala tocar como música de fondo durante la adoración. Procura que sean cantos que los niños conozcan y pueden acompañar siguiendo a un ujier y así puedan entrar a la presencia del Señor. Esto también ayuda a mantenerlos concentrados. Sí, el Espíritu Santo se puede mover cuando hay silencio y sin música, pero, cuando se pueda, uno necesita hacer todo lo que sea posible para crear un ambiente donde la presencia de Dios pueda sentirse fácilmente. Además, al principio los niños son muy tímidos de que otros escuchen sus voces cuando llega esta etapa inicial. Así que, tener música ayuda a subir el nivel de ruido lo suficiente para que no se sientan tan vulnerables frente a sus amigos.

Personalmente no considero igual el proceso de hacer que alguien haga "sonidos" para que hable en lenguas, al de "enseñar" a alguien a hablar en lenguas

Una vez que todos estén en su lugar, da indicaciones claras para que cierren sus ojos y así se puedan concentrar completamente en el Señor y su bondad. Pídeles que levanten sus manos en actitud de un rendimiento amoroso a su Maestro y guíalos en una oración corta pidiendo a Dios que los llene de Su Espíritu. Siempre me gusta iniciar con una confesión positiva en la oración diciendo algo al respecto: —Gracias por la habilidad de hablar en mi nueva lengua de oración, y creo que lo puedo hacer ahora mismo—. Esto les ayuda a tener confianza y emoción por lo sobrenatural.

Después usualmente les digo algo como, ¡a la cuenta de tres!, todos vamos a comenzar a orar en nuestro lenguaje de oración juntos: Uno, dos, tres, ¡Adelante! Me aseguro que todos estén orando bien y lo suficientemente fuerte para que los nuevos no se sientan intimidados o muy visibles. Normalmente eso es todo lo que se requiere para la mayoría de los niños. Siempre habrá algunos que tienen dificultad en cruzar la línea, pero te vas a dar cuenta que son niños que ni siquiera están tratando de hablar en lenguas y que no importa cuántas veces les digas que abran su boca y digan algo, sólo estarán viendo a todos lados y con sus ojos bien abiertos y la boca cerrada.

No hay gran cosa que puedas hacer al respecto, hasta que ellos estén listos para recibir. Habrá otros que están intentando genuinamente, pero que aún tienen barreras. Seguiremos trabajando con ellos explicándoles las cosas una y otra vez y sólo dales más tiempo y oportunidades de que lo intenten.

Usando instrucciones muy controvertidas

De vez en cuando, te vas a topar con niños que están genuinamente hambrientos y de verdad quieren hablar en lenguas, pero parece que no pudieran pasar la barrera. Abren su boca tratando de decir algo, pero parece que sólo sale el lenguaje que conocen. Lo que yo creo es que están tratando de entender con su mente todo, y esto no tiene sentido para ellos. Se empiezan a sentir frustrados, tontos y gradualmente van perdiendo la confianza de que algo va a suceder. Como último recurso para ayudarles a comenzar, les explico cómo empiezan a hablar los bebés. Únicamente hacen sonidos hasta que de pronto, esos sonidos adquieren significado, luego aprenden más y más sonidos. Ningún de estos ruidos tiene sentido, pero esto es hablar para ellos, hasta que entienden lo que significan los sonidos. Les explico que eso es como hablar en lenguas. Hacemos sonidos que no tienen sentido, hasta que de pronto esos sonidos empiezan a fluir de nuestra boca sin esfuerzo alguno. Les animo a que sólo hagan sonidos y vean qué pasa. Muchas veces eso es todo lo que se necesita para que empiece el fluir.

Sin embargo, si tú haces esto, necesitas saber que hay mucha gente que tiene problemas para aceptarlo. La misma mamá que no quería que le enseñara a su hijo de nueve años sobre el Espíritu Santo, me estaba probando para saber si yo era una de esas personas que "enseñan" a los niños a hablar en lenguas. Mucha gente me ha hecho la misma pregunta desde entonces. Lo que quieren es asegurarse de que la experiencia que su hijo recibe es genuinamente sobrenatural y no producida humanamente.

¡Por supuesto que eso es lo que nosotros queremos también! ¿Qué propósito tendría el "fabricar" en alguien, una experiencia como ésta? Personalmente no equiparo el proceso de hacer que alguien haga "sonidos" para que hable en lenguas al de "enseñar" a alguien a hablar en lenguas.

> Cuando retires niños o cualquier otra persona del altar que no han logrado hablar en lenguas, incluso si crees que no han sido llenos,

¡Me salió el tiro por la culata!

En una de mis primeras experiencias sobre esto, tenía un niño como de seis años, quien de verdad amaba al Señor, y sinceramente quería ser lleno del Espíritu Santo. Y hasta ese momento, no había conocido un niño de esa edad que no pudiera hablar en lenguas. Hizo su mejor esfuerzo. Frustrada, le dije que tratara de imitar algunos de los sonidos que había escuchado de mí o de sus papás. Pero, ¡me salió el tiro por la culata! Y por los siguientes quince minutos, únicamente imitó mi lenguaje de oración. Nunca lo pudo lograr. Yo estaba perdida en cuanto a lo que necesitaba hacer, así que esa noche nos dimos por vencidos. Traté de asegurarle que ya tenía la habilidad, y les dije a sus papás que no lo presionaran, sino que dejaran que sucediera en forma natural. Pero hasta donde yo sé, nunca habló en lenguas, y fue mi lección para no pedirles que repitan después de mi.

Para mí, eso sería más bien como tratar de "enseñar" a alguien a hablar en lenguas, y no fue una buena experiencia. Antes ya había usado esa técnica un par de veces y había funcionado muy bien; hablaban con fluidez en su propio lenguaje rápidamente. Pero después de aquella noche con ese pequeño, nunca más volví a intentarlo. En lugar de eso, comencé a usar la idea de que hagan sonidos como los que hace un bebé.

Una variedad de creencias

No es raro tener uno o dos niños que no parecen poder hablar en lenguas. Si tienes un grupo grande de niños que han pasado al frente a recibir, necesitas tener cuidado de no alargar mucho el tiempo de oración por lo mismo, a menos que haya un mover especial del Espíritu Santo. Yo trato de mantener el tiempo de oración alrededor de quince minutos, a menos que los niños estén muy absortos en lo que está sucediendo. Si lo prolongas, los otros niños se vuelven inquietos y pierden la atención, y los que están teniendo dificultades se sentirán incómodos. Lo menos que quieres es hacer un espectáculo de ellos. Normalmente les animo y les doy razones de por qué algunas personas tienen problemas para hablar en lenguas, ninguna de ellas incluye: que Dios no quiera dárselas, o que ellos no fueron llenos del Espíritu Santo.

Aquí es donde entramos en controversias nuevamente. Sé que este libro será leído por una gran variedad de personas con diferentes creencias. Algunos, incluso creerán que una persona no es salva a menos que haya hablado en lenguas. En la iglesia donde crecí se nos enseñaba que una persona que no hablaba en lenguas no había sido llena del Espíritu Santo. Eso es lo que creí la mayor parte de mi vida, pero ya no lo acepto. Por favor no me escriban cartas pidiéndome que enderece mi doctrina. Si eres uno de los que así lo creen, déjame decirte algo. Cuando retires niños o a alguien más del altar que no ha logrado hablar en lenguas, incluso si crees que no han sido llenos, hazles un favor; ¡no se lo digas a ellos! No tendría ningún propósito productivo, y además los desanimarás haciéndoles sentir que o son incompetentes, o menospreciados por Dios de alguna manera, y podría ser que ni siquiera lo vuelvan a intentar.

A solas con Dios

Mi recomendación es que cuando los despidas al irse a casa, motívalos diciéndoles: "cuando estés solo en tu cama o en la regadera, en el jardín o patio –tú y Dios, dile: '¡Ahora, Señor!' Y verás que empezarás a hablar en lenguas". Algunos niños se ponen nerviosos o tensos frente a otros. Pero cuando están solos en un lugar quieto con el Señor, y nadie los está viendo, se pueden relajar y "lanzar al río". En muchísimas ocasiones los niños regresan y me dicen que cuando se fueron a la casa, entonces pudieron orar en lenguas.

Jesús nos dijo que si pedimos recibiremos. Yo creo, que si una persona no habla en lenguas, no es Dios que le esté negando el don del Espíritu Santo, sino, que hay algo dentro de la persona que está obstruyéndolo. Podría ser miedo, presión por algo. ¡A algunos se les pudo haber dicho en el pasado que es algo diabólico! Creo plenamente que cuando una persona pide ser llena del Espíritu Santo, tiene la habilidad instantánea de hablar en lenguas, pero, que no siempre está lista para poder sacarlas. Tan pronto como pueda superar sus barreras, las lenguas aparecerán inmediatamente. De la misma forma que nuestra salvación es consumada cuando confesamos ante otro ser humano que Jesús es el Señor, la mayoría de la gente no quedará satisfecha con la experiencia de ser llena del Espíritu hasta que pueda hablar en lenguas.

> Los niños están en peligro de nunca hablar en lenguas después de su primera experiencia, si no los guiamos y dirigimos adecuadamente

Las orejitas escuchan

Para algunos ministros de niños, es común llevar a los pequeños que quieren ser llenos a otro salón, y hablar en privado con ellos, en lugar de hacerlo frente al grupo. Otros bajan la voz y casi susurran al hablar con los que han respondido, de manera que nadie más escuche las instrucciones que se les da acerca de lo que sucederá después. No estoy segura de por qué hacen esto, pero personalmente no recomiendo ninguna de estas prácticas. Por un lado, porque es importante que todos los niños participen en el proceso de ver a otros niños recibir el Espíritu Santo. Esto produce fe y expectativas sobre lo milagroso. Necesitan familiarizarse y sentirse cómodos con eso además, tienen que darse cuenta que necesitan atreverse a su experiencia.

Insisto, ellos necesitan ver como se hace, para que puedan guiar a sus amigos en esta experiencia, y aún más, no es inusual el ver niños que al estar sentados escuchando las instrucciones que les estás dando a los niños de enfrente, y ahí en sus lugares sean llenos del Espíritu Santo. Simplemente hacen lo que les dices a otros que hagan, y comienzan a hablar en lenguas en el mismo lugar donde se encuentran.

La primera vez que esto me sucedió, de nuevo una madre vino a mí después del servicio y me dijo, —David me dijo que había sido lleno del Espíritu Santo hoy—. Pensé un momento, y le dije; —No, no estaba con los niños que pasaron al frente a orar".

—Bueno, estoy segura que me dijo que podía hablar en lenguas. —Dijo—, creando un "déjá vu" (algo ya vivido) para mí. —Le voy a preguntar otra vez, —dijo.

Cuando regresó me dijo que David de hecho, había sido lleno, pero que simplemente no sintió deseos de pasar al frente. Sólo siguió mis instrucciones cuando estaba sentado y recibió su lengua de oración. Esto ha pasado en mis servicios muchas veces.

Practicamos el orar en lenguas

En la generación de mis padres, era común creer que uno podría hablar en lenguas cuando el Espíritu Santo descendía sobre unos con poder. Usualmente implicaba que "se les ponía la piel de gallina" (enchinaba), y electricidad en el ambiente así como experiencias cargadas de emoción. Sin estos sentimientos externos, sentían como que no podrían hablar en lenguas. Conocí a una mujer que fue llena y habló en lenguas cuando tenía seis años. La de ella era una de esas grandes experiencias que nunca se olvidan. Pero nunca más volvió a hablar en lenguas, porque las emociones nunca regresaron. Ella ni pensó que podría o debería hablar… simplemente no volvió a hablar en lenguas.

Gloria a Dios que la gente hoy, no cree de la misma manera. Sin embargo, nuestros niños también están en peligro de no volver a hablar en lenguas después de su primera experiencia, si no los guiamos y dirigimos adecuadamente. Muchos de los pequeñitos en tu ministerio se irán a casa con sus padres que posiblemente nunca han sido llenos del Espíritu Santo. Quizá no escucharán a nadie en su casa orar en lenguas, y por lo mismo casi nunca, si es que alguna vez sucede, se sentirán estimulados a hacerlo ahí. Otros niños puede que tengan padres llenos del Espíritu, pero por alguna razón no oran en lenguas delante de sus hijos. Si tienen momentos privados de oración, se lo reservan para ellos, y los niños jamás oyen a sus padres orar con este hermoso don de lenguas, ni se sienten estimulados a unírseles. A menos que tú, como pastor de niños dispongas tiempo en cada servicio específicamente para orar en lenguas, muchos de esos niños jamás lo harán otra vez. Eso sería una vergüenza.

En forma regular necesitas ensayar con los niños lenguas y repetirles el por qué las lenguas son valiosas, y por qué deberían ser parte de su diario vivir. Tan frecuente como te sea posible, deberías de crear momentos de adoración en donde les digas, —¡Muy bien, ahora vamos a adorar al Señor en nuestra lengua de oración!— También sería bueno, que tuvieran momentos para orar por alguien de tu grupo, y ahí estimular a los niños a imponer manos y orar por ellos tanto en lenguas como en su lenguaje común.

Algunas veces, simplemente hago una actividad divertida para explicar y resaltar la importancia de que ellos tienen control de este don maravilloso, y podrían hablar en lenguas en cualquier momento que lo deseen: ya sea jugando, andando en bicicleta, bañándose, lavando los trastes, o al ir en el auto. Esto es un intento para hacerlo una parte de su vida diario vivir. Algunas veces oramos por intervalos de un minuto usando su voz alta "como si jugaran" y al siguiente minuto solo "murmurando". Les tomo el tiempo con un cronómetro. Esto tiene el propósito de mostrarles que está bien orar en lenguas en diferentes maneras por diferentes circunstancias.

Conclusión

Después de uno de nuestros campamentos de verano de KIMI (Kids In Ministry International—el ministerio que dirijo), una niña de doce años me escribió una carta donde me platicaba la forma en que llevó a su prima al bautismo. Ella compartió:

> "Hace una semana, dos de mis primas de la ciudad estuvieron aquí. Las dos son más o menos de mi edad. Estábamos en el desván jugando y divirtiéndonos cuando me sentí guiada a orar por mi prima acerca de hablar en lenguas. Nos fuimos al baño para no ser interrumpidas. Ella me dijo que quería hablar en lenguas, así que nos metimos en la tina. Le dije un poco de cómo es esto.

Entonces le dije que cuando saliéramos de la tina, ella hablaría en lenguas. Oré por ella y sentí electricidad correr por mis brazos. Cuando salimos de la tina, ella pudo hablar en lenguas".

Quiero animarte a que hagas del orar en lenguas una parte regular de la experiencia de tus niños en la iglesia. Nuestro trabajo es equipar y entrenar a los niños para el trabajo del ministerio. Entrenamiento significa: "Hacer a alguien efectivo mediante la instrucción y la práctica". Recuerda que nuestros niños necesitan probar lo sobrenatural, y una de las mejores maneras es mediante la llenura del Espíritu Santo. Al hacer esto constantemente, estaremos ayudando a redefinir el ministerio de niños del siglo 21.

En Acción

1. ¿Has guiado a algún niño a recibir el bautismo en el Espíritu Santo? Si no, ¿por qué crees que no lo has hecho?

 ____

 ____

 ____

2. ¿Que tan cómodos y deseosos están tus niños de hablar en lenguas, y qué puedes hacer para facilitarles la experiencia ?

 ____

 ____

 ____

3. ¿Qué le aconsejarías a alguien en cuanto a guiar a los niños a hablar en lenguas, en algo que ha funcionado para ti?

 ____

 ____

 ____

Por si hay alguien que tenga dudas respectoa este tema, sépase que los niños pueden, y deberían saber cómo escuchar la voz de Dios y ser guiados por Su Espíritu

Los niños escuchan la voz de Dios

Caminando en lo sobrenatural

El propósito de la segunda parte de este libro es ayudarte de una manera muy práctica a cómo llevar a tus niños al fascinante mundo de lo sobrenatural, en su diario caminar con Dios. Para que podamos llegar allá, primero, es necesario cubrir las experiencias sobrenaturales más básicas que tiene el cristiano —la salvación, el bautismo en el Espíritu Santo, y lo que estamos a punto de discutir en este capítulo —escuchar la voz de Dios. Es de esta experiencia que emanan todos los demás eventos sobrenaturales.

La salvación, una experiencia profunda y sobrenatural, es la primera y la de mayor importancia naturalmente. La llenura del Espíritu Santo es algo a lo que Jesús mismo dio gran prioridad, y sabemos por la escritura que nos da la confianza y el poder que necesitamos para movernos en lo sobrenatural. Y, fuera de esos dos tema, en mi opinión no hay otro más importante que podamos enseñar a nuestros niños, que el escuchar la voz de Dios.

Si lo piensas detenidamente, te darás cuenta que no podemos seguir a Dios sin esta habilidad. Estamos incapacitados para tomar decisiones importantes en la vida si no podemos escuchar Su dirección. Con frecuencia les digo a los niños que una de las razones por las que necesitan escuchar la voz de Dios, es porque un día, ¡puede salvarles la vida! Los va a prevenir del peligro. Habría dado cualquier cosa de niña si alguien me hubiera enseñado a cómo escuchar la voz de Dios. Habría evitado muchos tropiezos a través de mi vida, incluso dolor del corazón si tan sólo supiera lo que sé ahora. ¿Y tú?

Pero más allá de todo eso, es con los principios fundamentales de saber cómo reconocer Su voz, que como creyentes podemos funcionar en los dones del Espíritu mencionados en 1 Corintios 12. Es parte de poder reconocer y sacar provecho de los sueños y visiones espirituales, y para unas corrientes del cuerpo de Cristo, es el fundamento de lo que llaman 'lo profético'. Todas estas habilidades están enraizadas en la habilidad de oír, reconocer, obedecer y seguir la voz de Dios siendo guiados por su Espíritu.

No puedes predicar bajo la unción sin seguir su dirección. Estás limitado de tener un evangelismo efectivo si no puedes escucharlo a Él dirigiendo tu plática. El éxito en sanar a los enfermos se incrementa grandemente cuando lo escuchas a Él decir por su Espíritu, cuál es la raíz del problema de la enfermedad. Sería mejor que no trates de echar fuera ningún demonio si no has escuchado con precisión de parte de Dios qué hacer. Para poder hacer algo con efectividad en su reino, necesitas saber cómo escucharlo y seguirle.

Mis ovejas conocen mi voz

Jesús dijo: ***Mis ovejas oyen mi voz*** Juan 10:27. Ovejas grandes y ovejas chicas —Si eres una "oveja" necesitas saber cómo escuchar su voz. Te desafío a que les preguntes a los niños cuántos de ellos saben con certeza que han escuchado alguna vez la voz de Dios en su vida; en la mayoría de los casos, muy pocos, si acaso, levantarán la mano. Yo practico esto cuando viajo, y me quedo de una pieza cuando me doy cuenta que muy pocos niños nacidos de nuevo, que están han crecido en nuestras iglesias, saben cómo escuchar la voz de su Maestro.

No hace mucho tiempo, tuve la oportunidad de escuchar predicar a un ministro sobre el tema de ser guiados en el Espíritu. Hizo un trabajo absolutamente maravilloso en explicar a la congregación lo básico. Entonces, ya al final del sermón hizo un comentario enmudecedor. Dijo: "Toda persona en este lugar, de trece años de edad o mayor, necesita saber cómo escuchar la voz de Dios". Me senté pasmada. No podía creer lo que había oído. De seguro está bromeando, pensé. Pero hablaba en serio.

Aunque profundamente sabía, que pocos cristianos pensaron o tomaron en cuenta ese comentario, en cierta forma para mi,era la primera vez que escuchaba, que descaradamente eliminaran a los niños de este proceso. Había niños y niñas por todo el recinto, y esa noche, yo estaba poniendo especial atención a dos pequeñitas. Hacía mucho tiempo que no veía niños tan chicos literalmente sentados en la orilla de la banca escuchando a un predicador adulto. Y me pregunté qué es lo que estarían pensando en ese momento.

Así que para que no haya alguien 'que tenga dudas' respecto a este tema, sépase que los niños pueden, y deberían saber cómo escuchar la voz de Dios y ser guiados por Su Espíritu. Enséñales con regularidad, con profundidad, y deliberadamente una y otra vez. Enséñales temprano en su vida ¡entre más pronto mejor! Que el traer a los niños a una experiencia diaria, sea la más alta prioridad en tu ministerio infantil. También diré, sin temor alguno, si no sabes cómo hacerlo, necesitas comprar mi programa: "¿Cómo escuchar la voz de Dios". Contiene doce lecciones, que, si sigues las instrucciones, tus niños comenzarán a escuchar la voz de Dios casi desde la primera lección. (Se indica cómo comprarlo al final de este libro).

Evocando espíritus de muertos

Una de mis primeras experiencias enseñando a niños a cómo escuchar la voz de Dios, vino mediante un sketch de marionetas que había escrito y producido cuando era Pastora de niños. En ese tiempo, yo traía niños a la casa para pregrabar las voces y no tener el inconveniente de los micrófonos y otros problemas de hacerlo en vivo. Invité a una pequeña niña de mi grupo llamada Courtney, para que fuera mi actriz principal. En el sketch, su marioneta quería pasar la noche en casa de una amiga para ir a una fiesta, pero su mamá le insistió en que orara y escuchara lo que Dios le decía acerca de este asunto. La marioneta oró, y sintió una luz roja (que representa un sentimiento negativo) en su espíritu acerca de ir a dormir con su amiga, así que se quedó en casa. Al no aceptar la invitación esa noche, esquivó o evitó, una tragedia que hubo en esa reunión,

Unas semanas después, Courtney fue invitada a una fiesta de verdad por unas amigas de su escuela que no eran cristianas. Ella decidió—como su marioneta—, que oraría y dejaría que Dios le guiara en una u otra dirección acerca de aceptar la invitación. La siguiente semana, llegó a la iglesia totalmente emocionada y alborotada, porque Dios le había hablado y le dio un sentimiento feo y desagradable en su corazón, así que se quedó en casa. Luego se dio cuenta que las niñas en la fiesta pasaron el tiempo evocando espíritus de muertos para divertirse. Ella estaba muy emocionada de haber evitado ese evento, pero aún más emocionada de que en realidad Dios le había hablado.

Unos cuantos años después, estaba entrenando a un equipo de niños para hacer algunas actividades de evangelismo, y parte de nuestro entrenamiento semanal incluía orar en el Espíritu. Los niños lo estaban tomando muy en serio y estaban haciendo su mejor esfuerzo. Sentí en mi espíritu que alguien iba a dar un mensaje en lenguas con su interpretación. Con suavidad los guié y exhorté para que hablara la persona que supuestamente lo tenía que hacer. Ya al final, un niño de doce años con una vocecita temblorosa habló en lenguas, y después de un poco más de motivación, empezó medio tropezándose a dar la interpretación también.

Era breve, pero directo al punto. Años después, cuando aquél niño se hizo adolescente, compartió delante de toda la congregación que aquella había sido una de las experiencias más significativas en su vida, porque estaba muy asombrado y conmovido que Dios lo usara. Después de eso me fui del lugar, y ya no pude llevar al grupo más allá. Pero he visto y probado lo suficiente como para saber que, ¡sí!, ¡los niños también pueden hacerlo!

Vuestros hijos e hijas profetizarán

Una de las escrituras más citadas por los predicadores en mi infancia, era Joel 2:28, ***"Y después de esto derramaré de mi Espíritu sobre toda carne, y profetizarán vuestros hijos y vuestras hijas".*** En aquellos días, para la mayoría de los cristianos, incluso pentecostales, el tema de la profecía era místico y misterioso. No teníamos el concepto de que eso debería de ser el cristianismo ordinario, el todos los días, y no sólo para los predicadores profesionales, sino para cada creyente. Así que cada vez que escuchaba esta escritura, me ponía "chinita" (con piel de gallina) detrás del cuello. El sólo pensar, que un día los niños harían esto, para nosotros era algo profundo. Pero, ahora sabemos que esto es simplemente parte del escuchar la voz de Dios, lo cual es normal en la vida diaria de la cristiandad, sin embargo, muy sobrenatural.

Los niños me profetizaron

Cuando me mudé a la costa Este de Estados Unidos, escuché que había niños que no sólo profetizaban, sino que eran usados en equipos de ministerio.

Así que a la primera oportunidad fui al ministerio profético de un grupo de niños guiados por un adulto muy experimentado. Por ese tiempo yo había seguido otro ministerio infantil profético en Carolina del Norte que acostumbraba entrenar y llevar a niños en viajes misioneros a otro continente. Eran mis pininos en esta aventura de ministerio infantil de tiempo completo, fuera de la iglesia local. Pero ni idea tenía de que algún yo tendría mi propio ministerio infantil internacional, escribiría libros y programas, daría conferencias y dirigiría campamentos de entrenamiento, etc. De hecho, poco después de eso, fui contratada por otra iglesia como pastora infantil y estuve ahí por otros dos años.

Pero, al estar escuchando a estos pre-adolescentes profetizándome, empezaron a marcar mi futuro. En ese momento supe que era Dios, pero en repetidas ocasiones he quedado impresionada al ver lo que he estado haciendo desde entonces. Hablaron principalmente dando pequeñas imágenes, o mini-visiones de lo que Dios les estaba mostrando. El adulto estaba ahí para ayudarles con las interpretaciones porque se nos dijo que los niños ven fácilmente, pero no siempre saben interpretar lo que ven. Tú también encontrarás esto, así que prepárate.

Ellos no hablaron con un tono de voz religiosa, como los adultos tienden a hacerlo, sino que con mucha naturalidad compartieron sus pequeñas imágenes. El primer niño en hablar dijo, "te veo muy, pero muy pequeña como 'Campanita' (la del cuento de Peter Pan) y estás sentada en un huevo gigantesco. Pero no sé lo que significa". Inmediatamente, el adulto dijo; "Eso quiere decir que estás sentada en algo grande, y tu fe es lo suficientemente grande para abrirlo".

Una de las niñas dijo, "te veo escribiendo tan rápido como puedes".

Otra niña dijo, "Te veo hablando por teléfono. Significa que estás hablando y esparciendo la palabra".

Otra continuó, "Veo una gran biblioteca con libros muy bonitos. Siento que Dios te ha dado conocimiento y sabiduría y riqueza en conocimiento. Vas a ayudar a la gente con sus preguntas sencillas y cotidianas".

Corto, directo, dulce y al grano. Esa, es la manera en que los niños ministran. No lo tomes a la ligera. ¡Ellos escuchan de Dios! He recibido muchos otros mensajes también de niños, tales como el de una niña de siete años que confiadamente caminó hacia mi una mañana después del servicio dominical infantil. Jana declaró, "Dios quiere que te diga que no siempre vas a enseñar a niños. También vas a enseñar adultos". Para ese tiempo, eso, ni siquiera estaba en mi mente.

El jardín de enfrente es más verde

La primera vez que tuvimos un campamento de verano para niños, los entrenamos en varias áreas del ministerio, como evangelismo y sanidad, profecía, entre otros. La última noche del campamento abrimos las puertas al público para que los niños pusieran en práctica, en un ambiente seguro, lo que se les había enseñado durante la semana . Junté y pasé al frente a los setenta y cinco niños, los senté en los escalones pensando en qué pasaría. Estaba expectante de lo que Dios haría en ese momento, la verdad era un gran experimento, tener tantos niños juntos. Aunque ya les había enseñado a muchos niños a cómo escuchar la voz de Dios, siempre lo había hecho con grupos más pequeños y con niños que yo conocía más.

Di instrucciones precisas para que los niños oraran en el Espíritu por un minuto, para que se enfocaran en su interior, entonces les preguntamos si alguien había visto o escuchado algo. Todo empezó con cierta brusquedad, y al principio era difícil definir qué tanto habían escuchado o visto y cuánto estaban inventando. De pronto un niño de ocho años levantó su mano y dijo, —Dios me dijo que esta noche va a liberar de un demonio a una persona que se encuentra en este lugar, y nunca más le va a molestar—.

Esa noche nos estaban visitando pastores, padres de familia que habían venido a recoger a sus hijos y entre muchos otros, aproximadamente unos cien visitantes en total. Mi mente se aceleró y comencé a pensar, "¡magnífico! ¡Con tanto visitante ?"Al iniciar semana, ya habíamos tenido una manifestación demoníaca, así que pensé que lo estaba inventando basado en ese suceso. Si pudieras ver el video, me podrías ver casi tratando de ignorarlo y restar importancia a lo que dijo. En ese momento, yo estaba pensando que los niños se estaban saliendo de dirección.

Palabra para un desconocido

De repente un niño de doce años levantó la mano seguro de que tenía algo de parte de Dios. —Vi una imagen de una cerca, y de un lado todo estaba oscuro, pero del otro lado estaba soleado, con pasto verde y muy bonito, y ahí hay un hombre agitando su mano. Pero no sé lo que significa.

—¿Sabes para quién es? —Le pregunté.

—No.

—Bueno, entonces necesitamos orar y ver para quién es. Les pedí a los niños que inclinaran la cabeza y oraran en el Espíritu. Después de un momento una niñita levantó la mano.

—Yo sé para quién es, —dijo confiadamente. Entonces apuntó a un desconocido en el grupo. —Es para ese hombre ahí.

Todos volteamos a ver a un caballero bien vestido que estaba al centro de la tercera fila. Yo conocía a la mayoría de la gente que estaba ahí, pero, a esa persona, nunca antes lo había visto; momentáneamente, la atención de la gente se dirigió sobre él y su hija mayor a quien yo ya había visto, porque durante el servicio parecía muy inquieta. Él sonrió con cortesía. Hasta este momento no parecía haber amenaza alguna.

Casi inmediatamente, otro niño de doce años levantó la mano diciendo: —Yo sé cuál es la interpretación. Continuó muy seriamente,

—Ustedes han escuchado el dicho "*el zacate es más verde en el jardín de enfrente*", sólo que esta vez, ¡es cierto! Es como ser salvo y no ser salvo. Y el hombre al otro lado es Dios diciendo: vengan a este lado, porque el zacate está más verde aquí.

Instantáneamente me sentí avergonzada pensando que los niños ahora sí, habían perdido la dirección. ¡Seguro que en este grupo no hay pecadores! La única gente que sabía de esta reunión era la gente de la iglesia y los padres de los niños, bueno, al menos, eso asumí. Miré hacia el hombre tratando de suavizar las cosas y le dije, —usted es un hermano en el Señor, ¿verdad?

El único pecador en la casa

Al momento en que toda la atención se centró en él El hombre se vio visiblemente incómodo y se empezó a retorcer un poco sobre su asiento. No respondió inmediatamente, pero, luego acertó a decir, —¡Bueno, en este momento estoy en el cielo!

De inmediato me di cuenta que estaba equivocada, los niños tenían razón, y habían detectado al único pecador en casa. No tenía idea de cómo manejar esa situación, así que me di media vuelta y pasamos a algo más. Al poco tiempo teníamos a los niños orando por los enfermos. Para esa conferencia habíamos invitado a Leon Kotze, que venía de Sudáfrica, y en ese momento había agrupado junto a él algunos niños y adultos, ellos estaban a un lado cerca de mí. Yo también tenía un grupo de niños conmigo y estábamos orando por alguien. De repente, escuché a una mujer llorando muy fuerte, y mientras buscaba para ver quién era, —me percaté que sin lugar a dudas se estaba llevando a cabo una liberación en el grupo de Leon—, me sorprendí al ver ¡que era la hija de aquel hombre!

El hombre se había ido. Había salido del auditorio y otro de nuestros conferencistas lo había encontrado caminando frenéticamente junto al estacionamiento del edificio. Nunca supe quién los había invitado, pero alguien nos dijo que pertenecían a la Cienciología Cristiana. No hay duda de que hayan venido a ver a los niños sanar a los enfermos, al menos eso supuse, porque ellos creen en la sanidad a través de la mente sobre la materia. Pero no quiso hablar con nadie, y tan pronto como terminaron con su hija, se fueron. Esa noche aprendí muchas lecciones. ¡Créanmelo! La más grande **es que los niños escuchan a Dios** y es mejor que tengamos cuidado, porque pueden ser muy acertados. Finalmente, ¡prepárate para cualquier cosa!

Aventura Sudafricana

En mi primer viaje a Sudáfrica, un domingo en la mañana prediqué en la iglesia de Pretoria. El salón estaba lleno y había aproximadamente entre 25 y 30 niños y adolescentes entre la gente. Se veía que estaban disfrutando a esta mujer recién llegada y con acento gracioso, pero estoy segura que fue la unción la que capturó por completo su atención cuando empecé a compartir la visión de cómo Dios quiere usar a los niños para mostrar señales y maravillas.

Siempre acostumbro a preguntar a los niños y adolescentes de cuántos han escuchado la voz de Dios hablarles a su vida. Así que también lo hice en esa reunión. Esta iglesia era carismática, era muy conocida y respetada en esa zona. Y para mi sorpresa casi no se levantaron manos. Así que rápidamente, empecé a asegurarles que Dios quería hablarles. Después de una breve enseñanza, pedí que pasaran al frente los que quisieran escuchar a Dios hablarles directamente; casi todos los niños y jóvenes que se encontraban en la iglesia, respondieron al llamado.

Mientras tocaban música de adoración, les pedí que cerraran los ojos y vieran hacia su corazón. Les aseguré que Dios les iba a hablar. Por unos minutos estuvimos adorando, y luego les pregunté que quién había escuchado o visto algo, y qué les había dicho. Algunos quisieron compartir, y estaban muy emocionados porque había recibido imágenes y Palabra por primera vez en su vida. Había una muchachita, como de trece años que se encontraba dando la espalda al grupo y había estado muy callada, todavía tenía sus ojos cerrados, y las lágrimas recorrían sus mejillas.

Le pregunté si el Señor le había dicho algo, y ella asintió. Y empezó a llorar más.

Y suavemente le pregunté si lo podía compartir con nosotros
Ella asintió una vez más, y entre su lagrimeo dijo: —me dijo que debo perdonar a aquellos que no he perdonado.

Esto, por sí sólo, sería una palabra muy significativa para cualquiera de nosotros, y en especial, si se trata de la primera vez que escuchas a Dios. Pero después del servicio, cuando ya todos se habían ido, me revelaron que su papá había sido el líder de alabanza en esa iglesia. Que se había involucrado sentimentalmente con una muchacha de diecinueve años de la congregación, y hacía más o menos un año, la había embarazado y abandonado a su familia y su comunidad. Al parecer, Dios había, puesto su dedo en un lugar muy suave del corazón de esta niña.

La veracidad de los niños

La siguiente semana me encontraba predicando en otra iglesia donde el pastor de niños era Leon Kotze,que había entrenado muy bien a sus niños en lo profético. Al final de uno de los servicios, les pedí a los niños que le permitieran al Espíritu Santo que los guiara hacia gente de la congregación que ellos sintieran que se les debía ministrar. Les di instrucción de que ellos fueran por cada persona y la trajeran al frente.

Trajeron a una bonita pareja, y formando un círculo, la colocaron al centro y comenzaron a orar. Muy pronto empezaron a recibir palabras e imágenes para ellos. Pero un niño de diez años, Birand, se escurrió hasta mí y me dijo al oído, —Tía Becky, ¡Dios me muestra que esta pareja pelea en su casa!

—Bueno, no se lo digas a ellos. —Le dije rápidamente. Dios te lo está mostrando para que ores por lo opuesto por ellos. Regresa a tu lugar y ora para que la paz regrese a su hogar. Ora para que vivan en unidad y regrese el amor.

Así que obedientemente hizo tal como le dije. En ese momento, la mujer empezó a llorar y las lágrimas recorrían sus mejillas.

Esa misma semana, la pareja visitó al Pastor. Y le dijo: —Nos hemos alejado de Dios, ¡pero nos queremos arrepentir y regresar! Resultó que eran el alcalde de la ciudad y su esposa. Comenzaron a asistir a la Iglesia con regularidad y son miembros activos hasta hoy. Todo porque un niño fue entrenado a escuchar la voz de Dios, y obedeció las instrucciones que recibió.

Tiempo después Leon llevó a ese mismo niño a evangelizar con él, y cuando oraban por una señora al final del servicio, Birant se la pasaba diciéndole una y otra vez:

—¡Usted está enferma de la cabeza! ¡Usted está enferma de la cabeza! ¡Usted está enferma de la cabeza!— La mujer se quebrantó y empezó a llorar, y luego compartió que había pasado por una severa depresión por muchos años, y ninguno de los doctores le había podido ayudar. Así que Leon y Birand oraron por ella, fue liberada y rescatada.

Los padres de Birand me dijeron que cuando él cuando sólo tenía cuatro años, estando en un servicio en la iglesia, se inclinó hacia su papá, apuntó a un hombre que era miembro de la congregación y dijo: —papi, vi un cuadro de ese hombre en su casa con una mujer que no es su esposa. Y vi una imagen de aquella señora en su casa con un hombre que no es su esposo. Los padres se estremecieron, y no sabían que hacer con este conocimiento.

Pero finalmente le dijeron al Pastor lo que Birand había visto. El pastor confrontó a la pareja y naturalmente, confesaron su relación. Nunca sabes lo que Dios les va a mostrar a los niños, ¡así que más vale que lleves una vida recta!

Una adolescente revolcándose entre el lodo

Por alguna razón parece que Dios se deleita en dar a los niños las palabras que pueden hacer revelar las cosas que los adultos escondemos, y derribar o explotar lo que cubre nuestra fachada exponiendo nuestras debilidades y pecado. Quizá sea, porque cuando proviene de un niño inocente es más difícil de ignorarlo. Sabemos que sólo por el poder de Dios pueden atreverse a decir algo.

Una mañana que me encontraba en Virginia, al final del servicio dominical, Sentí un impulso de invitar al frente a un pequeño grupo de niños a demostrar cómo Dios usa a los niños para dar Profecía. Le pedí a una niña que trajera al frente a unos adultos que no conocía. Y después le pedimos a aquel grupo infantil que orara por ellos.

Los niños habían ministrado a un par de personas con mucha fidelidad, aunque, no había sucedido nada muy profundo. Entonces trajeron a la última mujer del grupo. Los niños demostraron que estaban escuchando con certeza al dar palabra acerca de su trabajo, casa y algo acerca de su familia. Al final uno de los niños habló. Se veía muy serio y dijo: —Veo una imagen de una persona adolescente revolcándose en el lodo—, tratando de dirigirlo, y le hice preguntas para tener información más detallada, como por ejemplo si era muchacho o muchacha, etc. Pero todo lo que continuaba diciendo era, —No sé, solo veo una imagen de una persona adolescente revolcándose en el lodo".

No tenía idea de lo que podría significar a la luz de lo que se había dicho. Francamente, interpretar las visiones de los niños, algunas veces, puede ser desafiante, y además debo aclarar que no siento que tengo el don natural en esa área, sin embargo, con mucha frecuencia me encuentro en esa posición, y muchas veces con dificultad puedo entender o complementar algo más con el intelecto. Pero esta vez, nada me venía a la mente. Miré a la señora y le pregunté si eso tenía algún significado para ella. Me miró por un momento, como queriendo decir algo, pero no emitió palabra alguna.

El niño acertó

De repente lo obvio me llegó, y le dije, —no diga nada en público que no deba decir.

Ella solo acertó a decir, —está bien. Y terminamos con el servicio.

Por todo lo que dijeron los niños, la congregación había visto claramente que Dios los puede usar, y de hecho los usa para sus propósitos, y yo estaba satisfecha de que habíamos logrado nuestra meta. Al regresar a mi mesa de libros y saludar a algunos, vi que la señora se dirigía hacia mi con una sonrisa y me dijo en voz baja, —Sólo quiero que sepa que el niño acertó. Luego me dijo: Tengo una hija adolescente que le dio la espalda al Señor y anda mal. Se ha estado revolcando en el lodo en muchas maneras. "Esta mañana se encontraba aquí, y cuando el niño dio esa palabra, comenzó a llorar".

Uno de los líderes de más rango de la iglesia, que conocía a la familia también vino a mí después y me confirmó que la palabra del niño era acertada.

¡Tú también, lo puedes hacer!

Hasta este momento, de diferentes maneras, he compartido una variedad de ejemplos de niños que escuchan la voz de Dios, y han sido usados por Él para bendecir, consolar, exhortar, sanar física y emocionalmente, así como alejarlos del peligro. Algunos pueden llamar –profético– a lo que han hecho.

Otros dirían que ellos operan en los dones del Espíritu. Todas estas son maneras de escuchar la voz de Dios, y actuar de acuerdo a lo que escucharon. La razón más importante para aprender a escuchar la voz de Dios, es personal; cada uno deberá de buscar recibir , orientación, consejería y dirección en su vida. Si no hubiera otras razones, es en extremo importante que los niños sepan cómo ser guiados por su Espíritu y como ministro de niños, es tu trabajo principal entrenarlos en este estilo de vida.

Tu tarea tiene dos partes: 1.- entrenarlos, 2.- soltarlos para que funcionen. Siempre deberás protegerlos y proveerles un ambiente seguro donde puedan operar. Nunca los exhibas con motivos erróneos o para –presumir–. Cúbrelos en oración, porque los que más desea el enemigo es pervertir, distraer, y destruir el trabajo embrionario que el Espíritu Santo comienza en sus vidas en esta área. Facilítales muchas oportunidades de ejercitar sus dones. Si por alguna razón ves que se llenan de orgullo o presunción por sus habilidades, no permitas que sientan que son mejores que otros, sólo porque pueden oír la voz de Dios. Muchos niños no se dan cuenta de que lo que hacen está fuera de lo ordinario o es especial, así que comúnmente no es un problema, a menos que los adultos lo hagan resaltar. Cuando los niños tengan más madurez en esta área y empiecen a recibir atención por ello, necesitas prevenir a los padres para que cubran a sus hijos en oración y no los exploten con propósitos erróneos.

Conclusión

El que los niños tengan con regularidad tiempo donde se les permita rendirse totalmente en el Señor, será muy provechoso. Haz que se sienten quietamente y escuchen Su voz. Hazlo tan frecuente como para que se forme un hábito en ellos. Entrénalos en interpretar las pequeñas visiones que reciben, e incluso regístralas en un cuaderno. Dios podría enviar Palabra muy profundas acerca de los demás en su grupo.

Necesitas darles la oportunidad de practicar con frecuencia. Es muy bueno que les ayudes a sentirse cómodos con el proceso para que estén muy conscientes de las diferentes formas en que habla Dios, y cómo interpretar lo que Él dice. Es para su beneficio personal y por el de otros. Te recomendamos que de vez en cuando invites a un adulto tus servicios, específicamente, para que puedan –practicar–, ministrándolos, de manera que se fortalezca su confianza. Esta es una de las actividades sobrenaturales que les encanta a los niños y además están hambrientos. El estar interactuando con el Señor del universo, todo lo demás palidece y el resultado es que ellos quieren más de Él.

¿Te imaginas lo poderoso que estos niños pueden ser en el Espíritu, incluso al llegar a la adolescencia, si diligentemente trabajas con ellos? A medida que tomas tu lugar de liderazgo en este ámbito de sus vidas, los instruyes y aconsejas fielmente; aunque, al principio te podrías sentir incapacitado ante la magnitud del reto, por favor, recuerda siempre que el Espíritu Santo estará contigo, y al enseñarles a escuchar la voz de Dios, estarás redefiniendo el ministerio infantil en el siglo veintiuno.

Nos conformamos al escuchar orando a un niño: –En paz me acostaré y así mismo dormiré... Sin embargo el potencial de los niños al orar, va más allá de lo que la mayoría de nosotros se atreve a imaginar

Niños que oran

El potencial de los niños que oran

Sorprendentemente, hay una gran cantidad de información en libros, casetes, videos, y en la Internet acerca de los niños que oran, algunos de ellos se mencionan al final de este capítulo. Quizá porque es una actividad en el área de lo sobrenatural, que básicamente, que cruza todo tipo de fe, en las diferentes denominaciones. Los cristianos en general, creen en el poder de la oración, y la gran mayoría enseña a sus hijos a orar, por lo menos hasta cierto nivel.

Actualmente hay varios modelos de grupos de oración para niños alrededor del mundo, que pueden ser usados como ejemplo para entrenar a los niños a orar eficazmente. Una pionera en esta área es Jane Mackie de Australia. Ella tiene un ministerio maravilloso de niños de oración en el que lleva a niños y adolescentes que ella misma ha entrenado, alrededor del mundo a caminatas de oración y viajes para entrenar a otros niños a orar. El ministerio se llama The Children Prayer Network -Red de niños de Oración–. Cada año dirige impresionantes conferencias de oración , donde hasta quinientos niños con sus acompañantes vuelan a Australia, de casi cada nación del mundo para orar colectivamente, por su país.

Hay muchas maneras de entrenar a los niños en oración, pero muy seguido "nos conformamos al escuchar orando a un niño: *–En paz me acostaré y así mismo dormiré...* Sin embargo el potencial de los niños al orar, va más allá de lo que la mayoría de nosotros se atreve a imaginar". Lo único que se necesitan, es a alguien en su vida—un padre, abuelo, mentor, amigo, o ministro infantil— que no sólo crea en el potencial de su espíritu, sino que también esté dispuesto a invertir tiempo en sus vidas entrenándolos para ver resultados sorprendentes.

Para aquellos adultos que se han dedicado a entrenar niños en la oración, la recompensa ha sido inmensa, inconmensurable. Ese es el caso de una muy amiga mía, Carol Koch, quien junto con su esposo Alan pastorean su iglesia, de Lee's Summit, Missouri. Carol y Alan me han invitado en varias ocasiones a predicar y colaborar en su iglesia, y muchos de los principios que incluyo en este libro, los he compartido en su iglesia. Ella ya era una comprometida intercesora, cuando decidió empezar un grupo de oración de intercesión infantil, como resultado de mi colaboración con ellos. Su grupo inició la siguiente semana de nuestras reuniones.

Ahora ellos son mis pastores, y tengo una relación muy cercana con esta iglesia; me emociona mucho el poder ver de primera mano el desarrollo espiritual de sus niños. Ellos son un excelente ejemplo de lo que Dios puede hacer con un grupo de niños y niñas. A continuación el testimonio de Carol con sus propias palabras:

Entrenando con el ejemplo

La Biblia dice en Proverbios 22:***6 Instruye al niño en su camino, y aun cuando fuere viejo no se apartará de él***. Lo que yo pensaba era: "bueno, si tú entrenas a un niño en el camino que debería de ir, él podría tener algunos años de rebelión, pero algún día, cuando sea adulto va a regresar, porque la Biblia dice[…]", y esto es verdad, pero si entiendes la cultura en los días cuando esto fue escrito, te darás cuenta que un niño se convertía en "hombre" a la edad de doce o trece años, incluso tenían una ceremonia para ello.

Si estudias la palabra original del hebreo –viejo– te darás cuenta que proviene de —barba—. La importancia es que si entrenas a un niño en su camino, cuando le empiece a salir la barba, entonces, en la adolescencia, no se apartará de él. Esto en realidad significa que nunca dejará su fe.[1]

Instruir significa —enseñar con el ejemplo—. Así que esto es lo que empezamos a hacer con el grupo de oración de niños. Vinieron doce incluyendo niños y niñas, las edades fluctuaban entre cinco y once años. Me preguntaba cómo podría transmitir o depositar en ellos, lo que estaba en mí del área de intercesión, y también –cómo los podría entrenar con el ejemplo–. Muy pronto me percaté de que los niños no se iban a sentar por una hora y media con sus manos juntas diciendo: ¡Sí, ven Señor! Por lo tanto, necesitaba algunas ideas creativas de parte de Dios.

Centros creativos de oración

Decidimos montar centros de oración a la manera de las escuelas que preparan centros de aprendizaje. Oré pidiendo dirección sobre dónde y cómo iniciar, y me pregunté, —¿Qué hay en nuestro corazón como iglesia?— Sentí que tendríamos que enseñar a los niños sobre la historia de nuestra iglesia, y deberíamos compartirles las palabras proféticas que habíamos recibido en nuestro hogar espiritual, lugar a donde ellos asisten. Así que organicé un "centro de aprendizaje" que se llamaba – mi iglesia–, ahí coloqué un directorio gráfico de nuestra congregación. Comencé a decirles sobre las profecías que se habían dado los últimos veinte años acerca de su iglesia, enseñándoles de esta manera, lo que Dios a dado a los profetas, como nuestro destino.

Después organicé un "centro de sanidad", –porque en nuestra iglesia creemos en las señales y maravillas–. Creemos que Dios todavía sana. Así que saqué un botiquín de primeros auxilios lleno de "curitas", y una botella de aceite para unción. Cada vez que vamos al centro de sanidad, los entreno. Les pregunto, —Muy bien, ¿qué dice la Biblia sobre la sanidad? Ellos contestan, **—por sus llagas fuimos nosotros sanados**—, (Isaías 53:5) o: —estamos por señales y prodigios (Isaías 8:18). Después les pregunto ¿Qué dice la Biblia acerca del aceite? Posiblemente, esto es lo que más les gusta. Les digo, si conocen a alguien que está enfermo y quieren orar por él, unjan el curita con aceite y llévenselo a esa persona.

Un corazón por las naciones

Cuando nuestro nuevo edificio fue dedicado, un profeta amigo nuestro, Jim Goll, proféticamente vio dos estandartes sobre nosotros, uno era por las naciones y el otro por las familias. Supimos que tendríamos un corazón por las naciones. Así que me pregunté, ¿Cómo desarrollo un corazón por las naciones en estos niños? Con el ejemplo. Así que me di a la tarea de conseguí un globo terráqueo y algunas calcomanías cortadas en la forma del mundo, una canasta y papel. Posteriormente les dije, cada uno de nosotros va a escoger una nación por la cual orar. Pídanle a Dios que ponga una nación en su corazón. Entonces escríbanla en el papel y pónganlo en la canasta. Después les dije: cada semana que vengan a la iglesia, se acercan a este centro e intercede cada uno por esa nación que Dios les mostró. Les preguntaba, ¿Qué dice la Biblia acerca del mundo? E inmediatamente, me respondían, —que el mundo va a ser lleno de su Gloria y que nos dará por herencia las naciones. (Salmo 72:19, 2:8). Así que, les enseñé la Palabra mientras estábamos intercediendo, y vi niños orar y llorar por el mundo. ¡Sólo son niñitos! ¡Tenemos que instruirlos! Instrúyelos en las cosas que quieres que tengan en su corazón.

Orando por las almas perdidas

También tenemos un "centro de oración" por las almas perdidas. Busque un árbol seco que no tenía fruto. Les preguntaba, ¿Qué dice la Biblia sobre orar por los perdidos? ¿Qué dice sobre el evangelismo? Muchos conocen pasajes bíblicos. Entonces junté muchos tenis que la gente iba a tirar. Les decía que le pidieran al Señor que les diera un nombre de alguien conocido que no tuviera a Cristo en su corazón. Cuando ya tenían un nombre, lo escribían en la suela del tenis —se puede hacer con otros objetos—. Colocábamos el tenis bajo el árbol, entonces, cuando la persona era salva, quitábamos el tenis y escribíamos el nombre en un trozo de papel y lo colgábamos en el árbol como fruta.

Una de los principales enfoques aquí, es que creemos que Dios manda dirige a las personas a ciertas ciudades. Nosotros creemos que Dios nos mandó a Lee's Summit, Missouri, y se supone que debemos de interceder en oración por nuestra ciudad. Y orar ha sido nuestra visión desde el primer día. Creemos que Dios nos envió para interceder por un avivamiento en esta ciudad y toda la región. En la iglesia tenemos un mapa de la ciudad que tiene todas las calles. Puse una marca donde está la iglesia. Cuando intercedemos coloco el mapa en el suelo y con lámparas de mano y les digo: iluminen las calles de la ciudad y oren diciendo; '¡Oh, Señor, que venga tu luz!' Oren de acuerdo a Juan 1, Señor que venga tu luz, que brille de manera resplandeciente. También conseguí unas orejas de plástico y les pido que se las pongan cuando estén orando. Les pido que oren por la gente de nuestra ciudad y nuestras escuelas para que oigan la voz de Dios.

Una de Palabras profética que recibimos sobre nuestra ciudad, es que era el lugar de –Mahanaim, que es –el lugar donde habitan los hombres y los ángeles– (Génesis 32:1-2). Traje unos ángeles de un árbol de Navidad y los puse sobre el mapa. Les pido a los niños que oren para que Dios permita la actividad de los ángeles en nuestra ciudad.

Creciendo en profundidad y madurez

¡Así fue la manera en que empezamos! Era el fundamento del entrenamiento. También les dábamos tiempo libre para que fueran, por diez minutos, "al centro" que sentía que Dios les guiaba, y lo hacían. ¡Era un escándalo! Debí haber tomado video. Se ponían las orejas de plástico, y con su lámpara alumbraban mientras oraban. Había un niño de cinco años, y una vez estaba sosteniendo las orejas de plástico sobres sus oídos con sus manos, echó su cabeza hacia atrás sentado al estilo indio con sus ojos cerrados y se sentó al centro del mapa. Se veía muy chistoso, ¡pero él estaba muy serio!

Entonces todo empezó a desarrollarse mejor. Conseguí muchas Biblias y un cuaderno y les dije, —Si el Señor les pone una escritura en su corazón, quiero que la escriban. Si creen que Dios de verdad les ha mostrado algo, escríbanlo en este cuaderno—, y lo hacían. Esa era la base de entrenamiento, y lo hacíamos semana tras semana. Pero ahora ha cambiado aún más, porque esos niños empiezan a orar en el espíritu al instante.

En una ocasión estaban sentados formando en un círculo, les estaba enseñando sobre el libro de Apocalipsis. Les dije, —quiero que se familiaricen con las visiones y los sonidos del cielo, cierren sus ojos y escuchen lo que la Biblia dice. Les leí. Ven y te enseñaré las cosas que han de suceder, hablando acerca de las puertas abiertas y cómo son las calles del cielo. Les leía las escrituras para provocar más hambre en ellos.

También les mostraba el libro "Visiones del Cielo" de H. A. Baker, que es acerca de un orfanatorio chino donde hubo un mover de Dios hace sesenta años. Los niños ahí tuvieron muchas visitaciones del Espíritu en donde eran llevados al cielo regularmente por espacio de seis semanas. Les leía la parte de las visitas en ese libro, para provocarles hambre por lo sobrenatural y por el Espíritu Santo. Un día mientras orábamos, estaba con todo este proceso y estaba orando el Salmo 51, donde habla de tener un corazón limpio. Oré para que el Señor los lavara, y les dije que centraran su mente en Cristo. Les pedí que le pidieran que les mostrara algo. De inmediato pequeñito levantó su mano y dijo: —Creo que veo algo—.

Siempre les pregunto qué es, en caso de que necesite guiarlos en una dirección diferente. Y dijo: Había un grupo de intercesores y estaban con sus rostros el piso formando un círculo, y mientras oraban se veía que salí humo que iba subiendo. Y mientras subía se iba formando la forma de una llave. Y sobre eso, estaba una gran puerta y tenía un candado. Y mientras más oraban, la llave subía más. Y como seguían orando la llave fue sobre el candado y abrió el candado y la puerta se abrió. Al otro lado de la puerta estaba el río de Dios—.

¡Sorprendente! ¡Eso está muy bien para un pequeñito! Los niños tienen hambre de lo sobrenatural y del Espíritu Santo. He visto a estos niños orando desde cosas muy simples hasta orar y gemir teniendo esa increíble relación con el Espíritu Santo. Pero tienes que abrir oportunidades para ellos en tu iglesia, y estar dispuesto a tomarte el tiempo para entrenarlos.

Llevándolo a las calles

En nuestra iglesia se congrega un hombre que dirige la intercesión de toda la ciudad. Y sábado íbamos a tener una campaña de alcance en el centro, y me dijo que si podríamos llevar a algunos de nuestros pequeños intercesores a orar. Sólo tres pequeñas pudieron ir con tan poco tiempo de preparación, pero nos les unimos. Seguimos a los adultos, y nosotros los adultos hicimos la intercesión lo mejor que sabíamos. Todo iba muy bien, y los niños sólo nos seguían. Terminamos en el área del centro en una parte pavimentada. Los adultos estábamos listos para concluir, pero les dije a los niños que sentía que el Espíritu Santo no había terminado. Les dije —Niñas, vengan, y vamos tomarnos de las manos por un momento y a formar un círculo, y pidamos la presencia del Espíritu Santo—. Eso fue lo que hicimos, oré, ¡Espíritu Santo, ven! De inmediato el Espíritu Santo descendió sobre ellas. Empezaron a llorar y clamar por la ciudad. Y ahí estaban esas niñas intercesoras, sobre el pavimento con ropas de verano –hacía frío–, y clamaron por la ciudad por cuarenta y cinco minutos más. Los adultos planeamos la actividad, pero fueron los niños los que tocaron el corazón de Dios. ¡Fue sorprendente!

Cuando terminaron, una de las niñas dijo, —creo que alguien fue salvo.—Le pregunté, —¿Por qué dices eso? A lo que contestó, —porque siento que vi a un ángel regocijándose. Y usted sabe que la Biblia dice que cuando un pecador se arrepiente los ángeles hacen fiesta—. Pensé que era verdaderamente maravilloso. Vio algo en el espíritu y lo interpretó con la Palabra de Dios. Esa niñita sólo tenía siete años de edad.

Lo que mi amiga Carol hizo; cualquiera que tenga un corazón para la intercesión lo puede hacer. Este es sólo un ejemplo de cómo el ministerio infantil se está redefiniendo en el siglo veintiuno. Pero como lo mencionamos antes, este tipo de cosas necesita convertirse en el **aspecto principal del ministerio infantil**. Estas son las actividades que habrán de capturar el corazón e imaginación de nuestros niños, creando canales de aventuras increíbles en la presencia de Dios. Con estas clases de experiencias, ¡no tendremos que preocuparnos de que vayan a abandonar la fe!

Los niños oraron sobre 9/11

La tragedia de la destrucción de los edificios del World Trade Center (Centro Mundial de Comercio) el 11 de septiembre de 2001, estará para siempre en nuestra memoria como uno de los mayores desastres en la historia de los Estados Unidos. Durante los primeros días y semanas después del evento, mucha gente discutía de lo peor que hubiera sido la catástrofe si no hubiera sido por las oraciones del pueblo de Dios.

Han habido testimonios de cómo en los días y semanas antes del ataque, varios grupos cristianos fueron guiados a interceder por nuestro país. Un hombre testificó de haber sido guiado por el Espíritu a las montañas Catskill del estado de Nueva York, para tener un ayuno de treinta días por los Estados Unidos. Un grupo grande de intercesores llevó a cabo una caminata de oración por toda la costa Este, intercediendo por nuestro país. Sus esfuerzos terminaron tan sólo unos pocos días antes de la invasión. Por supuesto que ninguno de ellos tenía la más mínima idea de lo que estaba por suceder. Pero creo que sus oraciones, orquestadas por el mismo cielo, fueron poderosas y a tiempo para protegernos de algo peor. Dios en realidad tenía su mano sobre esta nación.

Pero el Espíritu Santo estaba trabajando en esta situación mucho antes de los días y semanas previos al ataque. Por lo menos en un caso, Él comenzó a protegernos tres años antes a través de la oración de niños.

Una amiga mía, Isabella Terry, quien en ese tiempo vivía en Tulsa, Oklahoma, había estado como mentora instruyendo desde 1988 a un grupo de niños en oración, cuyas edades fluctuaban entre los cuatro y los doce años. Esos niños buscaban el rostro de Dios seriamente y lo hacían con gran agilidad. Entrenados a orar en su lengua de oración –lenguas–, era muy común para ellos hablar palabras y frases en inglés espontáneamente bajo la unción del Espíritu Santo. Y por esta razón, Isabella tenía un –escriba– en el salón con los niños. Este escriba era otro adulto que llevaba un diario con todas las palabras, que hablaban en inglés durante la oración sin importar cual de los niños las dijera.

Después, cuando los eventos del 11 de septiembre ya eran historia, uno de los escribas llamó a Isabella y le dijo que tenía que ir a revisar las anotaciones del diario. Esta persona estaba segura que los niños habían estado orando por el 11 de septiembre. ¡Y así era! Al revisar los registros Isabella se dio cuenta que no sólo en una, sino en muchas sesiones de oración los niños habían estado orando con detalles sorprendentes. Aquí están algunas de las cosas que oraron:

Septiembre 1, 1988

Grupo islámico, el jefe del grupo islámico de terroristas, no pacifistas, sino destructores, la CIA lo revela, grupo Islámico, quitadas las persianas, CIA, miras, revelado, fronteras, patrullas fronterizas, Canadá, redadas, búsqueda por todas las fronteras de los Estados Unidos, patrullas, búsquedas, prepárense, revelado, American 757/767, sálganse, regresen a la entrada, prohibido volar, aire, terroristas, vuelos domésticos, transatlánticos, India, terroristas, ataque a las ciudades, Estados Unidos, despierta y ora, intentos de asesinato, protejan al Presidente, Sadam, túneles subterráneos en Babilonia, subterráneos como una ciudad pero son planos subterráneos, diagramas, planos, plagas, virus, Dios disgustados por terroristas, pero sus manos están atadas, de nosotros depende orar, despierta de tu adormecimiento, se te pedirán cuentas, invasiones extranjeras, Victoria, Canadá, patrulla fronteriza, niños de Israel y niños de Babilonia, Hebreo, entrada sin problemas, entradas.

Septiembre 6, 1988

Jerusalén, paz, protección, la sangre cubre, ángeles protejan, sucediendo, quédense y protejan, aún no es el tiempo, tu tiempo no ha llegado, Moshi, Libia, regresen, tomando autoridad, el jefe del grupo islámico, no; regresa, regresa, habla mentiras, quédate allí, Padre, revélalo, descúbrelo (a él) Siria, no plagas, no virus, toma autoridad, trances, profundiza en Dios, unción sanadora, despierta, quita el velo.

Septiembre 20, 1988

Almas, misiles, transbordadores espaciales, bombas, espada,

verdad, divide, espíritu, pelea con espada, fuera del cuerpo, muestra, fluir, fuera del cuerpo, costa este, costa este, sus lamentos, costa este, el lamento de almas, fuera del cuerpo, última vez, de parte de la gente, ellos suben, costa este, costa este, última vez, costa este, almas gimiendo, un gran lloro.

Diciembre 20, 1988

Red subterránea de terroristas, sigiloso, canturreos, exponer, sistema de agua, juntando deshechos, mira, planos, plano de la cuadra, alto, en el nombre y por la sangre de Jesús, alto, códigos, conquista, golpe, tirar un golpe, guerra, ir, aguantar.

Isabella Terry compartió más recientemente que su equipo de oración de niños estaba orando por "the Burning Bush" –la sarza ardiente–. Cuando había terminado la sesión de oración, les preguntó si sabían lo que significaba "the Burning Bush". Ellos no tenían idea que era como muchos cristianos le llamaban al Presidente Bush.

Instruyendo y modelando la oración en el niño

Uno de los primeros niños –guerrero de oración poderoso–, que conocí, fue una niñita llamada Ivy, quien tenía sólo tres años en ese tiempo. Llamó mi atención cuando visité por primera vez una de sus clases de escuela dominical. Ese día su maestra les pidió que abrieran con una oración. Ivy era una de las voluntarias para orar. Empezó a clamar al cielo, cubriéndonos a todos con la sangre de Cristo, y declarando al diablo que él estaba –bajo nuestros pies– y no podía dañarnos. Invocó el poder en el nombre de Cristo y mencionó muchas otras cosas más. Todo lo que podía hacer era mirar a esa pequeña de preescolar con mi boca abierta. Me pregunté en dónde había aprendido a orar así. Nunca había escuchado a alguien tan pequeño orar con tal autoridad y usar la palabra de Dios de manera tan eficaz en oración. Pero no sucedió por accidente. Tenía una madre de oración quien con toda intención y estratégicamente discípulo a su hija.

Le pregunté a su mamá qué es lo que había hecho así a Ivy, o si ella había nacido de esa manera. Fue sorprendente oír a su mamá decir que desde que la niña era más chiquita, la llevaba a su clóset de oración en su rutina de intercesión diaria. Al ir creciendo la bebé y empezar a hablar, la madre la invitaba a que oraran juntas, y la guiaba preguntándole lo que Dios hablaba a su corazón.

Cuando tenían que manejar de ida y vuelta al pueblo porque vivían en una casa campestre, la madre involucraba a la niña en oración durante el viaje en el carro; oraban por cosas tales como los problemas familiares de otros o por la gente en la ambulancia que de vez en cuando encontraban. Ivy oraba de manera dramática y proféticamente. Incluso cuando jugaba con su muñeca Barbie, su mamá jugaba con ella, y de repente decía, —¡Muy bien, es hora de que Barbie y Ken se pongan a orar! Así que ellos –oraban– con sus muñequitos, haciendo la oración tanto parte de su juego, como de sus vidas reales. Demostrando y moldeando la oración diariamente, e involucrando a la niña en su rutina diaria de oración, ha pagado increíbles dividendos en la vida de esta niña, quien ahora, a la edad de diez años, es una amante apasionada de Jesús.

Todos sabemos que los niños pequeños, son—pequeñas esponjas— que absorben todo lo que sucede alrededor de ellos en palabra y hecho, y lo que ellos aman y admiran, es lo que van a imitar. Ellos aman a sus padres por sobre todas las cosas; así que, ¡qué perfecto sería que los padres moldearan una pasión por Jesús y el evangelio en ellos! Pero, es muy importante no asumir que van a asimilar nuestra pasión por ósmosis. Los niños necesitan ser tomados de la mano e instruirlos, demostrándoles qué hacer en las rutinas diarias de la vida. Entonces, juntos pueden hacer las obras de Jesús cuando ellos y sus padres adoran al Maestro juntos.

Cuando los niños gimen

Tal vez uno de los mejores ejemplos de niños siendo usados en la oración fue durante el muy conocido avivamiento de la Iglesia Brownsville de Asambleas de Dios en Pensacola, Florida. Se capturó en video un gran evento para que el mundo entero lo pudiera ver. El Pastor de niños en ese tiempo era el Sr. Vann Lane. En el video, explica a la audiencia lo que se escucha en el fondo —El gemido de niños en una gran intercesión.

Empezó explicando eso por el avivamiento que estaba teniendo lugar, la mayoría de los miembros de la iglesia ayudaba en los servicios. Miles de personas venían diariamente de todas partes del mundo para ser tocados por ese avivamiento, así que requerían mucha ayuda. Pero los niños tenían tareas de la escuela, y también necesitaban descansar de sus largas sesiones nocturnas. Por lo que, con ese propósito, el Pastor Vann Lane, les permitía quedarse con él en el salón de niños durante los servicios. Tenían una gran pantalla donde veían lo que pasaba en el santuario en el servicio de los adultos.

Una noche en particular, el Pastor observó que los niños mientras estaban en su hora de juego, de uno en uno, dejaron de hacer lo que estaban haciendo y se pusieron a ver en la pantalla el servicio. Al poco tiempo, empezaron a orar espontáneamente. La oración se convirtió en el más intenso y agonizante clamor mientras los niños empezaron a llorar, gemir e interceder intensamente, sin importarles nada.

Conmocionado por lo que Dios estaba haciendo a través de los niños, el Pastor Vann los llevó a través de un pasillo a un área separada de la vista de la audiencia. Era junto a la plataforma donde el evangelista Steve Hill estaba predicando fervientemente a los perdidos. Muchos ujieres llevaron micrófonos inalámbricos a donde estaban los niños, y el sonido de sus clamores empezó a llenar el auditorio de manera que los adultos podían escuchar lo que estaban haciendo. De vez en cuando se podía escuchar a algún niño gritar —¡No! No! ¡No!, con intensidad escalofriante. Era como si estuvieran intercediendo por los abusos en otros, pero como si ellos fueran los que estaban sufriendo. El audio es difícil de entender por la intensidad. Si no supieras lo que estaba pasando, pensarías que los estaban golpeando, en ese mismo momento. Después de haber escuchado sus voces, no puedes ser el mismo. Los niños intercedieron con esa intensidad por casi una hora, y todo está en video. No es necesario mencionar que muchos respondieron al llamado y pasaron al altar esa noche, mucha gente renovando sus votos con el Señor.

Esther Ilnisky en su libro *Let The Children Pray* (Deje que oren los niños) escribió:

"Durante un servicio en la iglesia, mi esposo había invitado a personas que se encontraban con sus vidas destrozadas, pasaran a recibir sanidad. Algunos de los que estaban llorando lo habían hecho muchas veces antes, en verdad, nunca habían rendido sus vidas a Cristo. Atribulada incliné la cabeza y oré, —¿Señor, cuánto más tienen que llorar?— Para este tiempo ellos ya deberían de estar llorando e intercediendo por otros.

Entonces escuché una pequeña agitación. Al mirar, los niños se habían acercado a un mapa del mundo en la pared. Estaban en intercesión ferviente, llorando quietamente por los niños de la ventana 10/40

–Selah– [2]

Ella continuó:

Algunos adultos cautelosamente, a veces dicen, ¿Sabes qué, Esther? Son muy pequeños para eso. Y cuando dicen "eso", se refieren a niveles profundos de oración donde están expuestos al Espíritu Santo, a niveles tan profundos, que hacen que los adultos se sientan incómodos. (Quizás los adultos ni siquiera han estado ahí ellos mismos). A lo cual siempre respondo: Dígame, ¿qué tan pequeños son cuando ya están expuestos a espíritus inmundos?

Conclusión

El gran evangelista de sanidad del siglo diecinueve John G. Lake fue citado por su hija Gertrude Reidt, quien dijo, "Los niños hacen un sonido en su gemir que los adultos no hacen. Cuando escuches a los niños gemir, debes saber que Jesús tiene un pie en la puerta".

Los niños –nunca– son demasiado pequeños para empezar a ser entrenados. Sin embargo, ellos sólo van a llegar tan lejos como nosotros creamos que ellos pueden llegar, y tan lejos como estemos dispuestos a invertir tiempo en su entrenamiento. Dios necesita que nuestros niños estén activamente involucrados en los asuntos del Reino. Nosotros los necesitamos, y el mundo los necesita. Debemos equipar a los pequeños santos en la oración, y al hacerlo, ayudaremos a redefinir el ministerio infantil en el siglo veintiuno y más allá.

Tocad trompeta en Sión, promulgad ayuno, convocad asamblea, reunid al pueblo, santificad la asamblea, congregad a los ancianos, reunid a los pequeños y a los niños de pecho [...]

Joel 2:15-16

Sueño con ver la propagación de un avivamiento y la más grande cosecha que jamás hemos visto, provocado por los niños operando en sanidades, señales y maravillas en cada nación sobre la tierra.

Los Niños Sanando A los Enfermos

Es difícil desacreditar a los niños

Acababa de llegar mi primera invitación a la India, y el ministro que me había invitado estaba compartiendo mi visión antes de que yo tuviera la oportunidad de compartir todo lo que ya había visto en los niños. Victor Alfonso se emocionó con las posibilidades, "Becky, ¿Te imaginas lo rápido que se extendería un avivamiento en la India, si enseñamos a los niños de los barrios bajos a sanar a los enfermos?" ¡Ése, es exactamente mi sueño para los niños del mundo! Sueño con ver el avivamiento más grande que jamás se haya visto, provocado por niños operando en sanidades, maravillas y milagros en cada nación sobre la tierra. Cuando Benny Hinn aparece en televisión y la gente sana, hay muchos escépticos, incluso entre cristianos, que lo catalogan como falso y exhibicionista. Pero cuando los niños imponen manos sobre alguien y esa persona sana, ¡es difícil desacreditarlos!

Se ha dicho que la sanidad 'es la campanada a la mesa' para los que están perdidos. Es una 'tarjeta de pre-pago de Dios' para los no creyentes. Mientras los adultos creemos en esto y sabemos que puede suceder y de hecho sucede; son los niños que caminan en su tierna fe infantil, los que tienen el más increíble potencial para sanar a los enfermos. Cuanto más experiencias positivas tengan, tanto más será fortalecida su fe. Nosotros como ministros infantiles necesitamos proveer tantas oportunidades como sea posible en esta área, para asegurarnos de que vean sanidades cada vez con más frecuencia. Queremos que caminen en una fe más grande de lo que lo hacemos nosotros, con sanidades más espectaculares y milagros de los que nosotros veríamos alguna vez. Esto sucederá si ejercitan su fe de la misma manera en que las estrellas olímpicas ejercitan sus pequeños músculos, siendo aún preescolares cuando se preparan para el día del campeonato mundial. Empecemos a entrenarlos en su tierna edad. Cuanto más practiquen, mejores serán.

Naturalmente, esto, implica que debemos entrenar a nuestros niños en los principios bíblicos de fe y de lo que en realidad significa creer. Incluso, si te sientes confiado orando por los enfermos, recomiendo mucho leer libros de sanidad de Charles y Francés Hunter. También necesitas leer uno de los mejores libros de todos los tiempos escrito sobre el tema con fundamento bíblico, por F.F. Bosworth por "Christ the Healer" (Cristo el Sanador). Lee todo lo que puedas sobre el tema y enseña lo que aprendas a tus niños. Haz que sea un hábito, el orar por los enfermos en tus servicios semanales, e incluso si no te sientes muy seguro o competente en esta área, ¡haz como si lo estuvieras! Cree en Dios y en sus promesas, y no en tus propias habilidades. Sólo debes saber, que si tú haces tu parte, Él hará la suya.

Un típico domingo por la mañana

Nathan tenía como once años y en ese entonces era uno de los miembros de mi iglesia infantil. Un domingo por la mañana llegó cojeando y con muletas, con su pie vendado. Lo balanceaba cuidadosamente como cuidando de no golpearse con algo, y se las ingenió para llegar hasta el frente, donde se sentó con mucho esfuerzo.

—¿Qué te pasó? — Le pregunté con curiosidad.

—Ay, me torcí el tobillo, y el doctor me dijo que tengo que usar estas muletas por más o menos tres semanas. — Respondió—.

Platicamos un poco más, y en ese momento, ya era tiempo para iniciar el servicio. Era un típico domingo, –como cualquier otro–. La presencia del Señor se sentía con dulzura, y al terminar el sermón, llamé a los niños para que pasaran unos momentos al altar en oración, algo que hacíamos con frecuencia. Honestamente no recuerdo si hicimos invitación, o no, para orar por los enfermos. Lo que sí recuerdo es, que mientras tocaba la música de adoración, y nos sentamos en la presencia del Señor, un grupo como cuatro o cinco niños se encaminó hacia donde estaba Nathan, haciendo un círculo alrededor de él y sentándose en el suelo. Impusieron manos en el tobillo de Nathan y oraron en el Espíritu.

Después de diez minutos, escuché una voz familiar por encima de la música y las oraciones. Era Nathan gritando para llamar mi atención. —¡Hey, puedo apoyarme en mi pie! ¡No podía hacer eso cuando vine esta mañana!—

Mi actitud era más bien como un, ¡a que bien!, así nomás, porque hay veces en que, francamente, no sabes si los niños están exagerando o no. Los niños continuaron orando hasta el final del servicio, hasta que sus padres vinieron a recoger a sus hijos, y no pensé más en el asunto. Sin embargo, esa noche teníamos un predicador invitado y yo tenía que llegar temprano a la iglesia. Al entrar al edificio, pude ver a Nathan y a sus papás subiendo los escalones hacia el auditorio principal adelante de mí.

Nathan no traía muletas, ni su pie estaba vendado, tenía puestos los zapatos y sus calcetines, y subía los escalones como si nunca hubiera tenido problema alguno. Me fui detrás de él y le pregunté dónde estaban sus muletas. Se encogió de hombros con indiferencia y dijo, —¡No las necesito, estoy sanado!—

Tomando riesgos mientras dependemos en Dios

Mi equipo y yo estábamos en otro viaje misionero en la reservación indígena Ute en Utha, con el Pastor Fred Smith. Yo había estado ministrando a sus niños por una semana. Estuvimos anunciando que en la última noche los niños iban a estar imponiendo manos en los enfermos, y los habíamos motivado a que invitaran a sus amigos que estuvieran enfermos. Esa noche, una señora bien vestida vino y se acomodó atrás. Me la presentaron y me enteré que ella era del Departamento de Asuntos Indígenas (BAI en inglés) en esa comunidad.

Llevamos a cabo el servicio, y en pocas palabras les dije a los niños lo que íbamos a hacer al orar por los enfermos. Luego hicimos un llamado al altar. Mucha gente pasó, incluyendo la señora del (BAI). De uno en uno dirigimos a los niños a través del proceso de imponer manos sobre cada persona, orando y hablando a la enfermedad ordenándole que se vaya en el nombre de Jesús. Mucha gente encontró alivio inmediato de su dolor. La fe de los niños crecía con cada victoria.

En ese momento llegamos con nuestra nueva amiga. Nos dijo que desde hacía mucho tiempo había tenido un problema con su hombro, y que los doctores no le habían podido ayudar. No podía levantar su mano más arriba de su hombro, y no podía ponerla detrás de su espalda sin sentir un fuerte dolor. Instruí a los niños en cómo imponer sus manos sobre ella y me siguieron en oración.

—¡Pronto!— Le dije. —Mueva su mano y haga algo que no podía hacer antes.

Ella cautelosamente obedeció, y vimos como lentamente levantó su mano por encima de su cabeza. Luego estiró su mano por detrás de su espalda. Lo probó otra vez poniendo su mano sobre su cabeza, luego tras su espalda. Entonces rompió a llorar al darse cuenta de que el dolor se había

Lo interesante en este proceso de entrenar a los niños para sanar a los enfermos, es que muchas veces hemos visto tremendos milagros de sanidad, cuando lo único que están haciendo es obedecer lo que les digo que hagan y repitiendo después de mí. Son niños en entrenamiento. Pero Dios honra Su Palabra con señales y maravillas, y nosotros vemos resultados sorprendentes. A los niños les gusta ser usados en lo sobrenatural de esta manera.

¿Sanamos a esas señoras realmente?

En mi segundo viaje a la India, tuve una experiencia similar al estar entrenando a los niños en la sanación de enfermos. Ccon este grupo en particular, sólo tuve una sesión. Pero el salón estaba lleno de adultos que tenían curiosidad por saber si lo que les había dicho acerca de Dios usando a los niños era cierto. Había enseñado acerca de la llenura del Espíritu Santo, y un buen grupo de niños había recibido sus lenguas de oración esa noche. Entonces escuché estas palabras no planeadas, saliendo de mi boca: —¡Ahora les voy a probar que el poder de Dios está en ustedes! —

No lo dije una vez, sino dos. Mi propia mente estaba acelerada, y me decía: —¿Qué estás diciendo Becky? ¡Ya la regaste!

Pero me di cuenta de que yo misma estaba dando palabra de conocimiento a gente que tenía problemas con la espalda, el cuello y los hombros; les estaba pidiendo que pasaran al frente. Pasaron unas ocho mujeres, incluyendo una abuelita Hindú. La última mujer en pasar tenía dolor muy evidente, caminaba lentamente y ligeramente agachada, la estaba ayudando a pasar al frente, una amiga.

De la misma forma en que lo hicimos en la Reservación indígena, entrené a estos niños a imponer manos sobre los enfermos, y empezar a hablar a los problemas de la gente que necesitaba oración. Una por una de las mujeres testificó sentir liberación del dolor inmediatamente. Después observamos la dulce figura de la abuelita hindú que no hablaba inglés, esbozar una gran sonrisa al extender su brazo y darse cuenta que el dolor se había ido. Aplaudió y se mostró muy contenta al regresar a su asiento.

La última por la que se oró fue la mujer con el fuerte dolor. Los niños se juntaron alrededor de ella y oramos. No una ni dos, sino cuatro o cinco veces antes que ella sintiera un alivio notable en su cuerpo. De repente hundió su cara en sus manos al tiempo en que las lágrimas empezaron a brotar. ¡El dolor se había ido! Se quedó ahí por unos momentos llorando de agradecimiento, finalmente levantó sus manos en adoración a Dios al caminar de regreso a su asiento, sin necesitar que su amiga la ayudara.

Cuando el servicio terminó, dos niñas con ojos brillantes, como de nueve años de edad, se acercaron a mí y me preguntaron —¿de verdad fueron sanadas esas señoras?

—¡Claro que sí! —Les respondí—.

—¿De verdad *las sanamos*? Como que era demasiado para que ellas lo creyeran.

—¡Por supuesto que sí lo hicieron! ¡A través del poder de Jesús!

Sus ojos y bocas se abrieron al mismo tiempo, llenas de asombro, se miraron la una a la otra, riendo nerviosamente mientras se alejaban.

Tengo un dolor en la espalda

Estaba predicando a mi grupo de niños un domingo por la mañana, y podía sentir la unción mientras enseñaba, aunque esa mañana, no había nada fuera de lo ordinario. En medio de mi gran exhortación, un niño en la parte de atrás levantó la mano para llamar la atención, traté de mirar en otra dirección, porque no quería que el fluir de mis pensamientos fuera interrumpido. Pero se rehusó a ser ignorado. Finalmente casi estaba saltando en su asiento para llamar mi atención. Sin mucho entusiasmo, le pregunté: —¿Necesitas algo, Elías?

—¡Sí! —Dijo—. Tengo un dolor en la espalda—.

—¿Ah, quieres que oremos por ti?

—Si. —Respondió—.

Por poco le pregunto si podría esperar hasta el final del servicio para poder terminar mi sermón. Pero algo hizo que interrumpiera en ese momento, y mi ágil mente empezó preguntar… —Elías, ¿Cuándo te empezó a doler tu espalda? —¿Te dolía cuando llegaste al servicio esta mañana?

—No. —Respondió—, me empezó a doler cuando usted estaba predicando—.

Lo único que tenía era un presentimiento, pero decidí actuar. Elías, yo creo que Dios quiere usarte esta mañana para ayudar a alguien más. Yo sabía que era muy común para los ministros el recibir "Palabra de conocimiento" sobre enfermedades y dolencias para gente en sus audiencias. Ellos sienten un dolor sintomático en su cuerpo, en el mismo lugar en que la persona que necesita sanidad y oración tiene el dolor, –pero hasta ese momento, yo nunca lo había sentido–. Miré al resto de los niños y les pregunté: ¿Hay alguien más aquí, que siente dolor en espalda, o quizás no lo tiene en este momento, pero, que tiene mucho problema con la espalda?

De los treinta y cinco niños, ocho manos se levantaron. Les pedí que pasaran al frente, los formé y llamé a Elías. Lo dirigí a imponer manos sobre los niños uno por uno, y a orar por su sanidad. Todos los niños, excepto uno, dijeron sentir dolor en su espalda cuando pasaron al frente, y éste desapareció después de la oración que Elías hizo. El único que no reportó mejora fue el que no tenía dolor en el momento de pasar, pero vino porque regularmente tiene problemas con su espalda.

Volteando a Elías después que el último niño fue sanado, le pregunté —¿Cómo sientes el dolor en tu espalda ahora?

—¡Desapareció! —Contestó irónicamente—, y regresó a su asiento.

¿Por qué Dios escogió usar a uno de los niños ese día, y no a mí como la predicadora, que es como normalmente sucede? No tengo idea. Sin embargo, esto me trajo una advertencia de que Dios va a usar a los niños de cualquier forma y área en que Él puede hacerlo, y nosotros necesitamos ser cuidadosos de no ponerle límites a Dios. Nunca sabes lo que Dios va a hacer en tus servicios y a quién va a decidir usar. He aprendido, al estar con los niños, a estar alerta en todo momento, porque el Señor parece deleitarse en hacer algo diferente siempre sólo para mantenerme despierta. ¡En serio! A Dios le gusta usar a los niños de formas inusuales.

Palabras de conocimiento y un montón de niños

Nunca es bueno asumir que el Señor va a hacer la misma cosa dos veces en alguno de tus servicios. Trato, lo mejor que puedo, de dejarme guiar por el Espíritu al planear todo, incluyendo el tiempo de altar. En la historia de Elías, Dios me hizo una jugada rápida. Me tomó por sorpresa con lo que sucedió. Hubiera sido mucho más fácil ir más allá de la intuición que tuve acerca de Elías recibiendo palabra de conocimiento de esa manera. Porque, francamente, nunca había visto a un niño operar de esa manera en el ministerio antes.

Elías fue el primero; pero meses más tarde, cuando estaba de viaje ministrando en otra iglesia muy lejos de casa, dediqué un tiempo a orar antes del servicio para ver en qué dirección el Señor quería ir. Sentí en mi espíritu que, aunque yo iba a predicar esa noche, iba a haber dos o tres niños que iban a sentir ese 'tipo de dolor inexistente' en su cuerpo. Sentí explicarles a los niños, que esos dolores iban a estar en lugares donde no habían sentido dolor antes. Quiero decir que era una impresión tan ligera que me puso nerviosa. Pero era todo lo que tenía, así que me propuse actuar en fe. Me he dado cuenta de que siempre –es mejor equivocarse tratando de obedecer a Dios– que ignorar estas impresiones que Él nos pone.

Al final, cuando ya era el momento de ministrar, le dije al grupo exactamente lo que sentía. Les pregunté a los niños, —¿alguien de ustedes siente algún dolor?— De inmediato varias manos se levantaron por todo el lugar. Pensé ¡Caramba! Estaba sorprendida por la cantidad de manos, yo estaba esperando dos o tres manos, pero era al menos una docena. Así que empezamos un proceso de eliminación para separar a los niños que tal vez no entendieron bien o que sólo levantaron su mano porque otros niños la habían levantado.

Los llamé a todos al frente y los formé en una fila. De uno, en uno les pregunté en qué parte del cuerpo sentían el dolor. Todos eran diferentes: cuello, cabeza, corazón, etc. Todos parecían ser legítimos durante mi análisis, menos uno. Un niño como de diez años que ponía sus dedos en la parte baja derecha de su abdomen, cerca de su cadera, y dijo, —cuando empujo aquí, siento dolor.

¡Ajá! Pensé. —No deberías presionar para sentir dolor. Creo que necesitas ir a sentarte— ¡Ah! ¡Yo y mi gran sabiduría adulta!

Cuando pasé a los niños al frente, les dije a los presentes que cada niño representaba a alguien en la audiencia que necesitaba sanidad. Les hice el llamado para que pasaran y se pusieran frente al niño que representaba su problema, porque los niños iban a orar por su sanidad. Nadie se movió, era una iglesia Bautista.

Se los expliqué otra vez, y le pedí a la gente que pasara al frente porque Dios iba a usar a los niños para sanar a los enfermos. ¡Nadie se movió!

Me vi tentada a pensar que había malinterpretado a Dios, pero había muchos niños al frente que habían respondido confiadamente a mi primer llamado, así que fui atrevida.

—Miren, hermanos, —les dije—, en un grupo de este tamaño, la ley de las posibilidades indica que aquí hay por lo menos uno, que tiene un problema que se relaciona al menos, con una de estas áreas.

Finalmente, de uno en uno, la gente se paró y empezó a pasar. Cada niño tenía por lo menos una persona parada frente a él. Y algunos tenían dos o tres —gente con migraña, marcas de accidentes automovilísticos, soplo en el corazón, entre otros. Tomamos el aceite de unción y pedimos que los niños mojaran en él sus dedos, y de uno en uno impusieron manos en los enfermos, oraron por ellos, ordenaron a las enfermedades y dolencias que se fueran y a sus cuerpos que fueran sanados. Pedimos a las personas que comprobaran si el dolor o problema se había ido. Cada persona que traía algún dolor al pasar testificó que ya se había ido. Esa noche los niños estaban muy emocionados en el altar.

Cuando el servicio terminó, y la gente se arremolinaba, un jovencito adolescente se acercó a mí con una petición. —Usted no mencionó mi problema, —dijo— sosteniendo su mano sobre su lado derecho, —tuve un accidente y me dañe la articulación de mi cadera derecha. —¿Podría orar por mi de todos modos por favor? Lo hice, y luego fui y me disculpé con un niño de diez años.

Un pie insensible, totalmente sano

Aquí, en Kids in Ministry International –KIMI–, tomamos con mucha seriedad el entrenar a los niños para el trabajo del ministerio, al grado que incluso organizamos campamentos y conferencias de tres y cuatro días para lograrlo. En nuestra primera "Escuela de sanidad para niños" tuvimos cuatro talleres cada mañana con diferentes temas sobre sanar a los enfermos. Los otros maestros, Tim Carpenter y Lenny LaGuardia, y yo misma vertimos nuestro corazón en los servicios. Esa semana, hubo muchos testimonios de sanidad, pero en uno de los servicios de la tarde, uno de los niños de ocho años de edad dio una palabra de conocimiento. Él sintió que había una persona con una pierna herida por la que necesitábamos orar.

Un hombre robusto que parecía un trabajador de la construcción, pasó al frente y nos dijo que había tenido un accidente de trabajo, unas cuantas semanas antes. Había caído sobre su pierna y se la había dañado, perdiendo la sensibilidad en la planta de su pie. Estaba adormecido y los doctores no sabían que hacer para ayudarlo.

Tim instruyó al niño en cómo imponer manos sobre el hombre, y oró atrevida y confiadamente para que fuera sanado. Aquel hombre de inmediato testificó que sentía un cosquilleo en su pie, donde antes no podía sentir. Unos pocos días después nos reportó que la sensibilidad de su pie había sido completamente restaurada.

¡Dolor, vete AHORA! en el nombre de Jesús!

En la misma conferencia después de una de las reuniones, una familia con dos muchachos, de trece y nueve años, había llegado tarde a casa esa noche. Ellos había estado cocinando para nuestro equipo, de modo que siempre tenía mucho que limpiar después de los servicios. Cansado y descuidado, el niño menor, Andrew, salió del carro sin pensarlo y al cerrar la puerta le aplastó los dedos a su hermano. Alex de inmediato empezó a gritar, Andrew y su mamá corrieron a ayudarle. Pero al abrir la puerta, Alex, con mucho dolor, se retorcía en el suelo sosteniéndose la mano.

—¡Ven, Andrew, tenemos qué orar por él! —Les dijo su mamá, y corrieron a su lado. Andrew de inmediato impuso manos sobre su hermano y gritó: —¡Dolor, vete AHORA en el nombre de Jesús!—Tal y como Tim les había enseñado en una de las sesiones.

Al instante Alex dejó de retorcerse, se sentó, se miró las manos y empezó a flexionar sus dedos. Toda seña de dolor se había ido por completo, y cuando testificó, a la mañana siguiente, no había ninguna marca del accidente; no había moretones, ni entumecimiento, y tenía todas sus uñas completas, ¡nada! Estaba totalmente sanado.

Conclusión: ¡ya no se trata de nosotros!

Lo único que está entre los niños y los milagros, es alguien que dedicará tiempo a entrenarlos. Cuando yo era parte del cuerpo directivo de dos diferentes iglesias como pastor de niños, daba siempre oportunidad para que los niños oraran por los enfermos en nuestros servicios. Les alentábamos a orar por la gente enferma en dondequiera que los encontraran —en la casa, en la escuela o donde ellos jugaran.

Algunas iglesias han ido tan lejos, que incluso han incorporado equipos infantiles de sanidad, con los equipos de adultos. Algunos han llevado a los niños a hospitales y asilos de ancianos a orar por ellos. Si tienes el hábito de hacer alcances evangelísticos con tus niños, necesitas considerar el permitir a tus niños desarrollar el ministerio profético y el de sanidad. Tal vez el pastor en tu iglesia les de a tus niños la oportunidad de orar por los enfermos después de alguno de los servicios el domingo por la mañana. Sólo tienes que asegurarte de hacer tu parte en entrenarlos diligentemente para que lo tomen con seriedad, y sepan exactamente lo que se espera de ellos cuando estén frente a los adultos. Si no están bien preparados para la ocasión, puede ser que nunca vuelvas a tener una segunda oportunidad.

Frecuentemente menciono, que no importa cuántos han sanado cuando oro e impongo manos sobre ellos. Lo que importa es cuánta gente es sanada a través de los niños que entrené. ¡Date cuenta de que ya no se trata de nosotros! Tenemos una generación que es imperativo levantar para que atienda los negocios del reino.

Entre más se motive a los niños a que se involucren en estas áreas del ministerio, cada día, el ministerio será, más parte de sus vidas. Queremos que desarrollen el hábito de hacer estas cosas, porque aspiramos a que estén mejor entrenados y capacitados que nosotros para cuando alcancen la edad adulta. Que puedan fluir en mayor unción de lo que nosotros alguna vez soñamos, aventajando el record de grandes señales, milagros y maravillas de nuestra generación. Al equiparlos de esta manera, estaremos dando grandes pasos en redefiniendo el ministerio infantil en el siglo veintiuno.

Cuéntenselo a sus hijos, y que ellos se lo cuenten a los suyos, y éstos a la siguiente generación

Joel 1:3

"Hemos descubierto que el compartir el amor de Dios entre compañeros, es uno de los instrumentos de evangelización más prolíficos y efectivos..." Es decir, cuando un niño le comparte a otro del amor de Jesús y lo lleva al pie de la cruz; a tener un encuentro renovador con Dios."

Los niños como evangelistas

Los niños pequeños son evangelistas naturales

"Cada año, cientos de miles de padres vienen a los pies de Cristo por el cambio tan notorio en alguno de sus hijos, a raíz de su relación con el Señor, que sus papás no pueden seguir ignorando el poder de Dios", dice George Barna. "Además, hemos descubierto que el evangelismo entre compañeros – es decir, un niño que lleva a otro al pie de la cruz, a un encuentro renovador con Jesús — es uno de los instrumentos de evangelismo más prolíficos y efectivos en nuestro país (Estados Unidos)."

En su libro "The Harvest" (La Cosecha), Rick Joyner profetiza: "Una de las características más extraordinarias de la cosecha de los últimos tiempos será la corta edad de los obreros. Los adolescentes serán los pilares del avivamiento, y los preadolescentes estarán entre los más grandes evangelistas." Los niños pequeñitos, en particular de 5 años o menos, que han crecido en un hogar cristiano, parecen ser evangelistas casi naturales. Hay muchísimas historias de pequeños que van con sus abuelos y otros familiares, y les preguntan: "¿Tienes a Cristo en tu corazón?" o algo similar. De alguna manera, han escuchado con claridad el mensaje de que el infierno les espera a quienes no conocen a Jesús, y se preocupan mucho por que las personas a quienes aman vayan en camino al cielo. Al entrar a la escuela, la influencia de los amigos se convierte en un factor importante. Empiezan a recibir el mensaje sutil de que ya no es muy "políticamente" correcto hacer ese tipo de preguntas, y la inocente valentía va aminorando poco a poco. Como ministros de niños, debemos hacer todo lo que esté a nuestro alcance para capturar ese interés sincero de los niños por las almas perdidas, y para que conserven ese fervor de evangelizar durante toda su vida.

El evangelismo es uno de los propósitos fundamentales de la iglesia de Jesucristo, y aún así, hay muchos adultos que, por varias razones, se intimidan de compartir su fe. Jesús deja muy en claro en los evangelios que no quiere que ninguno perezca, sino que todos procedan al arrepentimiento (Mateo18:14). La única forma para que una persona escuche las buenas nuevas del evangelio es que alguien se las de verbalmente.

Mucha de la aversión que sienten los cristianos tiene que ver con las fallas de los métodos evangelísticos del pasado, como el testificar de casa en casa, o con el tener la impresión de que debemos ser agresivos y confrontar a la gente para poder presentarles al Señor. Pero la verdad es que el evangelismo más efectivo se lleva a cabo a través de las relaciones; cuando el cristiano busca esa oportunidad de oro en la vida de sus compañeros de trabajo, amigos y familiares, y éstos están abiertos y hambrientos del toque de Dios.

Los niños desarman

Muchos cristianos adultos evitan el tema de compartir con quienes no conocen a Cristo, no porque no les importe la gente, sino porque se sienten incapacitados para contestar las preguntas y para enfrentar la resistencia que surge frecuentemente. Si podemos sobreponernos a nuestros temores y aversiones, recordemos que cuando los niños testifican a sus compañeros, no se topan con los mismos argumentos y oposiciones que recibimos nosotros, ni siquiera por parte de los adultos. Esto se debe a que, cuando los aborda un niño, por su franqueza e inocencia los desarma, de manera que no ponen resistencia, y sus amigos niños son las personas más abiertas al evangelio del mundo entero. Así que, con todo esto en mente, no debemos sentir temor de enseñar a nuestros niños a compartir su fe. El mayor anhelo que podemos tener es que conserven viva esa llama evangelística durante la niñez, la adolescencia y la edad adulta. Es decir, en una generación, podríamos darle la vuelta al problema de no querer evangelizar, si lográramos que los niños fueran fieles evangelistas.

De hecho, hay organizaciones cristianas que entrenan a los niños en la evangelización. Una de ellas, Child Evangelism Fellowship (Confraternidad de Evangelismo Infantil), organiza campamentos de verano con el propósito expreso de entrenar niños a compartir su fe. También hay algunos programas, como "La Gran Comisión," de Kids in Ministry International (KIMI), que también enseñan a los chicos a compartir su fe.

Evangelismo en "Fuertes de Nieve"

Cuando Ryan tenía nueve o diez años, empezó a venir a nuestros servicios infantiles, era muy tranquilo y evasivo. Sin embargo, pronto descubrí su agresividad en cuanto a compartir el evangelio, y me dejó perpleja. Cuando aprendió cómo compartir su fe, lo tomó muy en serio. Poco después, su mamá me contó que Ryan compartió su fe con todos los niños de su edad que vivían en su vecindario, y todos recibieron al Señor. En el invierno a Ryan le gustaba hacer 'fuertes de nieve' en su jardín, e invitaba a sus amigos a jugar con él. Cuando estaban jugando dentro del fuerte, les hacía las preguntas que le enseñábamos en la iglesia de niños, como: "¿Estás seguro que te vas a ir al cielo cuando te mueras?" Se dio cuenta que algunos de sus amigos nunca habían oído hablar del cielo ni del infierno, de modo que les enseñaba lo que dice la Biblia, y después los guiaba a recibir a Jesús.

Durante el verano, invitaba a sus amigos a su casa, a jugar bádminton en el jardín. Cuando tomaban un descanso, su mamá les traía limonada helada, y él les hacía preguntas: "¿estás seguro de que cuando te mueras irás al cielo?" Según recuerdo, de uno en uno, todos recibieron a Jesús en su corazón.

Un par de años después, sentí que debía entrenar a un grupo de los niños más comprometidos para hacer alcances de evangelismo "oficiales". Nuestro plan era ir a las iglesias de nuestra asociación en los pueblos vecinos y organizar servicios en los que los niños harían la ministración. Estuvimos entrenándolos durante seis semanas, todos los domingos por la mañana, ¡en todo!, desde el uso de marionetas y la oración de intercesión, hasta la sanidad de enfermos. Ryan quería predicar el mensaje de salvación a los perdidos.

Le pedimos que escribiera su mensaje y nos los predicara cada semana, para verificar que la doctrina estuviera correcta, y que transmitiera bien su mensaje. Le dábamos tips sobre lo que podía mejorar o modificar un poco, y a la semana siguiente nos lo predicaba de nuevo. Lo tomó muy en serio. Había otros dos o tres niños que también querían predicar, pero cuando Ryan lo hacía, uno podía sentir la unción, a pesar de que prácticamente estaba leyendo el mensaje.

Entrené a Ryan para que hiciera el llamado al altar, para saber qué hacer si nadie levanta la mano, y qué hacer con quienes sí respondieran, etc. La forma de entrenar a un niño es "línea sobre línea, precepto sobre precepto." Recuerda que cal trabajar con niños tienes que llevarlos de la mano en todo el proceso.

Recuerdo específicamente, lo que sucedió en una iglesia pequeña de Kenmere, en Dakota del Norte, que literalmente la congregación había recorrido y visitado todos los vecindarios, invitando para ese día. A raíz de lo cual vinieron trece personas que no eran cristianas, entre niños, adolescentes y adultos. Ryan hizo un buen trabajo; también les hizo la gran pregunta: "¿Quién quiere recibir a Jesús como su Salvador?" Todo mundo levantó la mano; es decir, el 100% de las personas que llegaron sin conocer a Cristo fueron salvas durante la predicación del evangelio de la paz por medio de un niño. El pastor nos comentó después, que una familia de las que habían ido ese día, se hizo miembro de la iglesia. En la actualidad, Ryan ya se graduó de preparatoria, y lo último que supe de él es que quiere dirigirse al campo misionero.

El testimonio de Michael

Hace pocos años, una mujer entró a nuestra página de Internet y desde allí nos mandó un correo electrónico para compartirnos de su hijo, al cual Dios estaba usando en el área de evangelismo. Nos contó que desde el día en que su hijo, Michael, aceptó al Señor, se convirtió en un evangelista de verdad. Le pedí a Michael que escribiera su testimonio y que nos permitiera usarlo en nuestro sitio de Internet. Lo comparto con ustedes a continuación.

"Me llamo Michael, tengo doce años, y quiero servir a Cristo porque, hace poco, alguien se tomó la molestia de explicarme que Cristo fue crucificado por mis pecados. Ahora, por su sacrificio, sé que voy a ir al cielo cuando muera.

Tenía once años cuando recibí a Cristo como mi Salvador. En ese tiempo estaba batallando para sacar buenas calificaciones en el colegio, y mi autoestima estaba muy baja. Siempre tenía accidentes y me lastimaba. Por ejemplo, una vez, cuando tenía cinco años, un mapache que tenía rabia me mordió la pierna. Me tuvieron que dar veintisiete inyecciones contra la rabia. A los ocho años me caí cerca de una alberca y se me quedó atorada la muñeca en un pedazo de metal. Esa experiencia me dejó once puntadas alrededor de la muñeca, varias cicatrices muy feas, y el pulgar que se me adormece con frecuencia. En otra ocasión, cuando tenía nueve años, me caí sobre una piedra grande y me lastimé la rodilla. Desde entonces tengo una cicatriz, y a veces me duele la rodilla.

Recibí a Jesús en mi corazón el 9 de diciembre de 1999. En ese momento, mi familia estaba en una condición crítica. Mi papá acababa de tener un accidente y no podía trabajar. Mi mamá tenía problemas de salud que también le impedían trabajar. No teníamos comida, ni con qué calentarnos, ni la esperanza de que las cosas mejoraran antes de Navidad. Mi mamá ya nos había explicado que no íbamos a celebrar Navidad ese año. Sin embargo, resultó ser la mejor Navidad de todas. Después del servicio del 24 de diciembre en la iglesia, llegamos a la casa y nos encontramos que nuestra cochera estaba llena de juguetes. Mamá nos dijo que Jesús nos los había traído. También había varias personas de la iglesia que estaban sacando bicicletas y juguetes de sus autos. Recordé que meses antes había leído del amor de Dios, por el cual dio a su único Hijo para que muriera por nuestros pecados ¡por los míos! Lo que estaba viendo en ese momento, era el amor de Dios expresado a través de toda la gente. Fue allí cuando decidí poner toda mi vida en manos de Dios.

Después, mi Mamá consiguió trabajo durante el verano, en un campamento de orientación para jóvenes que quieren entrar a la universidad. Allí fue donde, por primera vez, llevé a alguien a Cristo. Se llamaba Omar; jugaba basketball, y medía dos metros y diez centímetros. Era del norte de Nueva Jersey. Un segundo estábamos jugando basket, y el siguiente lo estaba mirando hacia arriba y preguntándole: "¿Vas a alguna iglesia?" Me dijo que antes sí iba. "Si murieras hoy, ¿tienes la seguridad de que irías al cielo?" Su respuesta fue "No." Entonces, lo llevé al auto de mi mamá y le expliqué el camino del libro de Romanos un método para explicar la salvación. (Romanos 3:23, Romanos 6:23, Romanos 5:8, Romanos 10:13) Luego, le pregunté si quería orar conmigo y recibir a Cristo en su corazón, y oramos más o menos así:

> *"Amado Dios, reconozco que soy pecador, y creo que moriste en la cruz por mis pecados. Te pido ahora mismo que entres a mi corazón y me limpies de mi pecado. Quiero vivir para ti a partir de hoy. En el nombre de Jesús, Amén."*

Ese día, Omar y dos de sus amigos recibieron a Cristo.

En septiembre de ese año, perdimos la casa por problemas económicos. Un miembro de la iglesia a la cual íbamos nos ofreció en renta una casa que estaba en un barrio pobre, del otro lado del pueblo. A pesar de que mi mamá no quería irse a vivir allá, no teníamos otra opción. Vendimos todo lo que teníamos para pagar el depósito, y nos mudamos el primero de septiembre. Ese mismo día, vinieron al menos treinta niños a ayudarnos con la mudanza. Mi mamá les dio de comer, sabiendo que no teníamos dinero más que para comprar esa comida. Lo único que nos decía era que Dios proveería. No lo entendía, hasta que, al día siguiente, la gente de la iglesia empezó a llegar con comida para regalarnos.

Sabía que los niños que estaban allí no eran cristianos y necesitaban a Cristo, por lo que empecé a compartir mi fe con ellos. Una semana después de habernos cambiado a esa casa, mi mamá comenzó un estudio bíblico para niños en la sala de la casa. La primera semana vinieron treinta y dos niños; la siguiente, cincuenta y cuatro; y así siguió creciendo. En ese tiempo, los domingos en la mañana siempre me despertaba antes que el resto de mi familia; me vestía y me preparaba. Cuando mi mamá se levantaba, yo tomaba la Biblia y me iba a tocar puertas para invitar a los niños a ir conmigo en el autobús de la iglesia, a la escuela dominical. Mi hermano me decía que estaba loco por levantarme tan temprano y salir al vecindario. Pero nunca me preocupé, porque sabía que Cristo siempre iba conmigo.

Llevábamos apenas ocho semanas viviendo allí, cuando Dios nos bendijo con una casa nueva. El día que nos mudamos, cuarenta y un niños iban a la iglesia los domingos en el autobús. Ahora, tenemos allí mismo un ministerio de ciento cuarenta niños, a los cuales mi mamá les da una clase de Biblia los miércoles por la noche. Como son muchos niños, ahora nos reunimos en una iglesia local. Mi mamá, aun al día de hoy, les lleva alimento, gracias a donaciones que recibe. Ahora evangelizamos juntos en el vecindario, y cuando puedo, la ayudo a dar el estudio.

Desde entonces, mi deseo de llevar a otros a Cristo se ha hecho más fuerte. Me gusta usar el libro Wordless, “Sin Palabras”, de Child Evangelism Fellowship (CEF®) (Compañerismo de Evangelización Infantil) para llevar a otros niños a Cristo. Participo activamente en el programa de la iglesia para llevar las buenas nuevas a la gente; y a la gente, llevarla a Cristo. Me aceptaron para asistir a un campamento de verano del CEF®, de misiones para jóvenes. He dado mi testimonio dos veces en mi iglesia. En un avivamiento que hubo en abril, entregué mi vida a Cristo en respuesta a un llamado al altar, confesando públicamente el llamado de Dios para servirle.

Dios va a usar a quienes quieran que los use, ya sean adultos o niños. Muchos niños me ven como a una persona diferente o rara. Para ellos lo soy, porque no soy del mundo; estoy en el mundo, por ahora, porque es donde Dios quiere que le sirva. Dedico mi tiempo a la Palabra de Dios, a la iglesia, a la oración y a buscar oportunidades para llevar a las personas a la cruz de Cristo.”

Niños predicadores

Hay un grupo de niños interesante, que parece haber nacido con una predisposición para predicar la Palabra de Dios. Durante los avivamientos de principios del siglo XX, muchos niños se convirtieron en oradores a muy tierna edad, incluso de tres y cuatro años de edad.

Algunos recibieron la inspiración para predicar de la amada evangelista Amy Semple McPherson, fundadora de la denominación cuadrangular. Una ministra amiga mía me dijo que su mamá empezó a predicar a la edad de tres años, por inspiración de McPherson. Los abuelos de mi amiga eran actores en Vaudeville cuando se convirtieron al cristianismo bajo el ministerio de Amy. Se enamoraron de la colorida evangelista, y comenzaron a viajar con ella durante sus largas campañas evangelísticas. Ayudaban a levantar las carpas y a preparar el equipo para las reuniones de avivamiento.

Un día, encontraron a su hijita predicándole a sus muñecas e imitando el estilo de Amy. Le pidieron que predicara frente a Amy, quien quedó impresionada. Mi amiga dice que McPherson le permitió a su mamá que predicara con ella en muchas de las reuniones de avivamiento. Mucha gente fue salva y sana a raíz del ministerio de esa niñita, el cual se terminó la edad de diez años, por circunstancias desafortunadas.

Hace poco, me topé con un sitio en Internet de un ministerio misionero de la iglesia metodista, que mostraba fotos de un niño de nueve años que se llama Malachi, en Port-au-Prince, Haití, al cual le encanta predicar. Él y algunos de los niños de su vecindario, incluso construyeron una iglesia. Aunque estaba hecha de ramas, y las bancas de lodo, era, sin embargo, una iglesia. Durante el recreo de la escuela, Malachi iba a esa iglesia y predicaba, y también los domingos tenía servicios allí. Varios años después, un huracán destruyó la iglesia. Malachi, que para entonces tenía catorce años, la volvió a construir, mejor de cómo estaba antes, y siguió predicando.

Personalmente conozco a tres niños que encajan en esta categoría de predicadores natos. Dos de ellos han estado asociados conmigo en el ministerio infantil, y el tercero asiste al ministerio de niños de un amigo mío. Todos ellos parecen tener un deseo interno de predicar sin que se les haya empujado ni manipulado. Simplemente les encanta predicar, y lo hacen sorprendentemente bien.

Uno de esos niños es hijo de un amigo africano a quien conocí en el primer viaje que hice a Tanzania. En cuanto supe que le gustaba predicar, le hicimos un espacio en los servicios durante el tiempo que estuvimos ahí. Las primeras dos veces que Princely predicó, era lo que se esperaría de un niño de nueve años; era bueno, aunque no sobresaliente. Pero la tercera vez estuvo excelente. Afortunadamente, esa ocasión lo grabamos en casete. Incluso, en nuestro sitio de Internet hay una porción de su mensaje, en el cual es evidente la unción tan increíble que tiene, así como un don para evangelizar ¡tremendo! Durante ese servicio, una persona recibió a Cristo como Señor y Salvador. Después nos enteramos que esa noche, era la única persona presente que no conocía a Dios de manera personal.

Sabiendo que él tiene un llamado

Me presentaron a Tyson Reuer cuando él tenía como nueve años. Me dijeron que le gustaba predicar, y que dio su primer sermón a la edad de cinco años. Tyson vivía a dos horas de nuestra iglesia. Por la distancia, nos visitaba sólo de vez en cuando. Pero teníamos un acuerdo permanente, que cada vez que nos visitara, la invitación estaba abierta para que predicara. De hecho, Tyson era maestro, más que predicador. No me sorprendí cuando me enteré que, desde los tres años, le pedía a su mamá que le pusiera los casetes de enseñanza de Kenneth E. Hagin. Tyson era, además, escritor. En una ocasión, le pedí que escribiera un artículo para enseñarles a los niños cómo preparar un sermón. A continuación, su artículo. Tyson tenía diez años cuando escribió lo siguiente:

> "Cada quien tiene un llamado en su vida. Algunos son llamados a predicar. Otros pueden ser llamados a hacer otra cosa. Yo no sé cuál sea su llamado; pero ustedes sí lo saben. Si saben que Dios los ha llamado a predicar, deben empezar a prepararse para cuando sea su hora de predicar. Tal vez se preguntarán, "¿Cómo me preparo? ¿Cómo sé de qué predicar? Si no sabes lo que vas a predicar, ora para que el Espíritu Santo te dirija. Es muy importante prepararse; algunos de mis peores sermones resultaron por no haberme preparado. Te preparas leyendo la Biblia, orando, leyendo libros y escuchando casetes de enseñanzas.
>
> Cuando hablo de leer la Biblia y de orar, no me refiero, por ejemplo, a hacer un estudio palabra por palabra del libro de Apocalipsis, o a pasarte dos días en oración de intercesión. Aunque esas cosas son buenas, no son lo que se requiere para un buen sermón. Ora pidiendo la dirección y la unción de Dios. Cuando recibes la unción de Dios, no necesariamente vas a sentir su poder por todo el cuerpo, ni vas a escuchar una voz que

te habla. Muchas veces no sientes nada hasta que empiezas a predicar.

En cuanto a los libros de enseñanza, no siempre tienes tiempo de leer libros muy gruesos. Una serie de libros adecuados que puedes leer si necesitas ayuda y no tienes mucho tiempo, es la "Biblioteca de Fe", de Kenneth Hagin. En lo personal, me parecen libros excelentes, y me han ayudado mucho. Al leer la Biblia y otros libros de enseñanza, toma apuntes en un papel o en un cuaderno, y úsalas para hacer el bosquejo del sermón.

Una vez iba a predicar, y llevaba todo mi sermón escrito en papel. Cuando subí al púlpito, la unción de Dios vino sobre mí y prediqué. Cuando terminé, miré mis notas y me di cuenta que lo que acababa de decir durante el sermón era casi completamente diferente a lo que decían mis apuntes. No te encasilles en las notas que preparaste para el sermón. Permite que Dios trabaje a través de ti, como si fueras un canal

¿Qué debo hacer cuando esté frente a la gente? Es una pregunta difícil. Nadie está totalmente tranquilo frente a la gente cuando predica por primera vez. Lo que quizá te ayude más cuando estés frente a un grupo, es la unción de Dios y la preparación.

Nunca pienses que no estás causado un impacto en los oyentes. Aunque tal vez no lo demuestren, están escuchando lo que dices. Recuerdo una vez que estaba predicando en un asilo de ancianos; no fue un mensaje largo, pero sentía que estaba predicándole a la pared. La mitad de la gente estaba dormida, y la señora que parecía estar poniendo atención, me di cuenta más tarde que no podía escuchar bien.

No te preocupes si cometes errores. Es muy difícil no cometerlos. Otra cosa que te va a ayudar es memorizar las escrituras. Me he memorizado muchos versículos, y me ha servido mucho. Cuando te levantas y predicas, te das cuenta cuando Dios está haciendo algo a través de ti, y sabes que no es tu imaginación. Cuando estoy bajo la unción, digo cosas que nunca diría de otra manera.

Imagínate una escalera. El primer escalón representa el llamado de tu vida. El segundo representa la unción de Dios. El tercero representa la preparación de tu sermón. El cuarto representa lo que verdaderamente te asusta – predicar. ¿Has tratado alguna vez de brincarte algún escalón? Entre más escalones te brinques, más difícil será subir. Es lo mismo con la escalera espiritual; te puedes llegar a caer de ella. Es muy fácil caerse de una escalera, ¿verdad? Cada vez que te brincas escalones en la escalera espiritual, es más probable que te caigas. La buena noticia es que, incluso si te llegaras a caer de esta escalera, Dios te perdona y te permite empezar de nuevo.

Lo más importante al predicar, es ser ungido y dejar que Dios obre a través de ti. Así que, ¡predica la palabra!"

Conclusión

Es importante reconocer y honrar los dones espirituales de los niños, como por ejemplo, la habilidad de predicar. Debemos hacer un esfuerzo para motivarlos a que usen sus dones, y respaldar esa motivación dándoles un lugar en los ministerios de niños. Es importante saber qué van a predicar. No debemos empujarles o presionarlos, ya que este don no es para todos, como lo es, por ejemplo, el de sanar enfermos. Sólo queremos que sepas que existe, y que es un ministerio válido para ellos, aunque sean niños.

Si te das cuenta que en tu ministerio hay un niño con este don y llamado, aliméntalo y dale espacio para que lo ejercite. Pero no hagas mucho "ruido," de manera que pudiera parecerles a los demás niños que él es más especial que los demás. Diles a todos que cada uno tiene la misma oportunidad de predicar en los servicios, si así lo desean, de manera que no sientan que estás haciendo favoritismo. Así mismo, evita que tu pequeño predicador sienta que él es mejor que cualquiera de los demás niños.

La predicación y el evangelismo a menudo van de la mano; la mayoría de las veces, quien se inclina por la predicación, tiene el llamado a evangelizar. Pero canalízalos a darse cuenta que el evangelismo debe ser parte de la vida diaria. No permitas que caigan en la trampa de creer que uno debe estar en el escenario o en el púlpito, frente a mucha gente, para compartir el mensaje de salvación. También, debes enséñales a todos los niños el balance entre la moral, el carácter, la humildad y la integridad, pero sobre todo a quienes probablemente desarrollarán algún tipo de ministerio público. Al dirigir y proteger a nuestros niños en todas las formas de ministerio, estamos ayudando a redefinir el ministerio de niños del siglo veintiuno.

He aquí, yo y los hijos que el Señor me ha dado estamos por SEÑALES y PRODIGIOS
Isaías 8:18

Los Niños las –Señales y Prodigios–

Poderosos en oración

De todas las criaturas de nuestro Dios y Rey, los niños son los más equipados y dotados naturalmente para caminar en el terreno de señales y prodigios, por la simplicidad y la inocencia de su fe. Lo único que necesitan es saber que Dios todo lo puede hacer. Podemos comenzar a comunicárselos, recordándoles los milagros de Jesús y de otras personas de la Biblia. Además, recomiendo que les cuentes historias y testimonios de la actualidad. Hay muchas fuentes para encontrar esta información: libros, casetes y la televisión (el programa Club 700). Un buen hábito es anotar los testimonios que te llamen la atención, sobre todo donde participen niños, para luego compartirlos con tus niños.

También les puedes leer libros de historias fascinantes del poder de Dios. Las revistas misioneras son una excelente fuente de información. Incluso algo tan sencillo como leerles las historias de niños que presentamos en este libro. Esto crea expectativa en ellos, en cuanto a cómo que Dios usa a los niños. Otro de los libros que se les pueden leer es Visions of Heaven (Visiones del Cielo), de H. A. Baker, que se menciona en el capítulo doce de este libro. El autor describe un mover de Dios inusual, que se observó en un orfanato de China, en el que hubo señales y milagros sobrenaturales durante seis semanas, por medio de los niños.

Otra idea es el planear un segmento de cinco minutos durante la reunión de cada semana con los niños, en el que les cuentes de algún milagro de la actualidad, para que tengan presente el poder del Dios al cual servimos. Recuérdales que en sus momentos de mayor necesidad, Dios está presente para ayudarlos, protegerlos y rescatarlos. Por ejemplo, una historia que salió en la televisión, en el programa Club 700, trata de un pastor de Colorado cuya casa estaba a punto de quemarse por un incendio forestal que estaba fuera de control. Era domingo en la mañana , cuando le llamaron para decirle que el incendio había llegado a la parte alta de la colina de su propiedad. Todo parecía indicar que la casa se iba a quemar en pocos minutos. Él inmediatamente llamó por teléfono a la iglesia, y habló con el pastor de niños que estaba con los niños en ese momento. De inmediato comenzaron a orar. Uno por uno, los niños oraron por la protección de la casa del pastor.

Cuando lograron apagar el incendio, el pastor y su esposa regresaron a la casa para ver los daños. Al llegar a su propiedad no podían creer lo que vieron. El zacate y los árboles de alrededor de la casa estaban totalmente quemados, aun los que estaban al lado mismo de la casa. Sin embargo, en medio de la destrucción—su casa amarilla estaba intacta . No había la más mínima señal de quemadura en la parte exterior. Cuando la cámara mostró la propiedad, en las noticias de televisión, se veía la vegetación totalmente quemada, hasta unos centímetros de la casa. Evidentemente, aquello era un milagro. La casa se preservó completamente, gracias a la oración de los niños de su iglesia.

Las niñas que resucitaron a su mamá

Hace un par de años tuve el privilegio de conocer a un hombre en África que trabajaba en Visión Mundial y estaba encargado del programa de ayuda a la niñez. Nos contó que años antes había sido pastor de niños. Nos dijo que en aquel tiempo no sabía cómo ministrar a los niños ni qué debía enseñarles. Así que les enseñó todo lo que sabía en cuanto al poder de Dios, como si fueran adultos.

Nos compartió la historia de dos niñitas que asistían a sus reuniones. Un día estaban en su casa con su mamá, quien llevaba tiempo de estar enferma. Ese día se puso muy grave. De hecho, murió frente a sus dos hijas. Su esposo no estaba, y, como es de entenderse, las niñas estaban totalmente desconsoladas. Estuvieron llorando y sollozando durante horas. De repente, la niña mayor se sentó y dejó de llorar.

—¡Basta!— le ordenó a su hermanita. —No debemos llorar más."

—¿Por qué?— le preguntó ella.

—Porque el pastor nos dijo que para Dios no hay nada imposible; Él todo lo puede hacer. ¡Hay que orar para que Mamá vuelva vivir!

Comenzaron a orar y, de repente, en un instante, la mayor se encontró ante las puertas del cielo. No sabemos a ciencia cierta si tuvo una visión o si en realidad estuvo en el cielo. El hecho es que, al estar parada ante la puerta cerrada, vio a un ángel a su lado, que le preguntó: "¿Qué

haces aquí?"
Ella dijo con atrevimiento: "Mi mamá acaba de morir, y vengo por ella para llevármela a la casa."

Entonces el ángel le tomó la mano y le dio una bolita resplandeciente. En ese mismo instante, la niña se encontró al lado de su mamá. Instintivamente le impuso las manos y oró de nuevo. El reporte narra que la mamá volvió a vivir.

Cuando escribí este libro esta era la única historia que había oído, personalmente, en la que un niño levanta a alguien de entre los muertos, aunque por supuesto, no hay evidencia clínica de su precisión. Esto sucedió veinte años antes de que se escribiera este libro. Lo que sí es un hecho es que lo sobrenatural es mucho más común en lugares como África, y no es extraño escuchar este tipo de historias. Además, como el hermano que me lo contó es alguien muy respetado entre los cristianos de África, confío lo suficiente en su palabra para incluir esta historia en mi libro, para consideración del lector. Sin embargo en esta segunda edición en español, comparto una historia de un niño entrenado en un PowerClub de México.

En lo que se refiere a entrenar y equipar a los niños para hacer lo que Jesús hizo, no estoy sugiriendo que les demos una clase de cómo levantar a los muertos. Tampoco sugiero que hagamos viajes a la morgue para que practiquen; por supuesto, ¡sería absurdo! Pero es necesario concientizar a los niños de que Dios puede hacerlo todo, incluso levantar a los muertos. Necesitamos prepararlos para lo milagroso en todos los aspectos de la vida.

¡Declaro VIDA!

El siguiente testimonio nos lo compartió Ana Lilia Zertuche, directora de KIMI en América Latina, y es de un niño del primer PowerClub de la Ciudad de México.

Esteban tenía diez años cuando tuvo que ingresar al hospital por apendicitis, a punto de convertirse en peritonitis. Después de una semana de hospitalización, salió muy animado, y fortalecido tanto física como espiritualmente, habiendo asimilado lo ocurrido y dándole gracias a Dios por la recuperación, y porque, de nuevo, estaba listo para lo siguiente.

A una semana de este evento, empezó a sentirse mal nuevamente. El doctor indicó que se trataba de una infección, que era complicación de la cirugía, por lo que debía regresar al hospital. Esto desconcertó mucho a Esteban; no podía entender por qué tenía que regresar de nuevo al hospital si, e incluso más grave que la primera ocasión, cuando él declaraba que

¡Declaro vida en este bebé!
¡Declaro que el propósito que Dios tiene para él se cumplirá, en el nombre de Jesucristo!
...Y el bebé resucitó

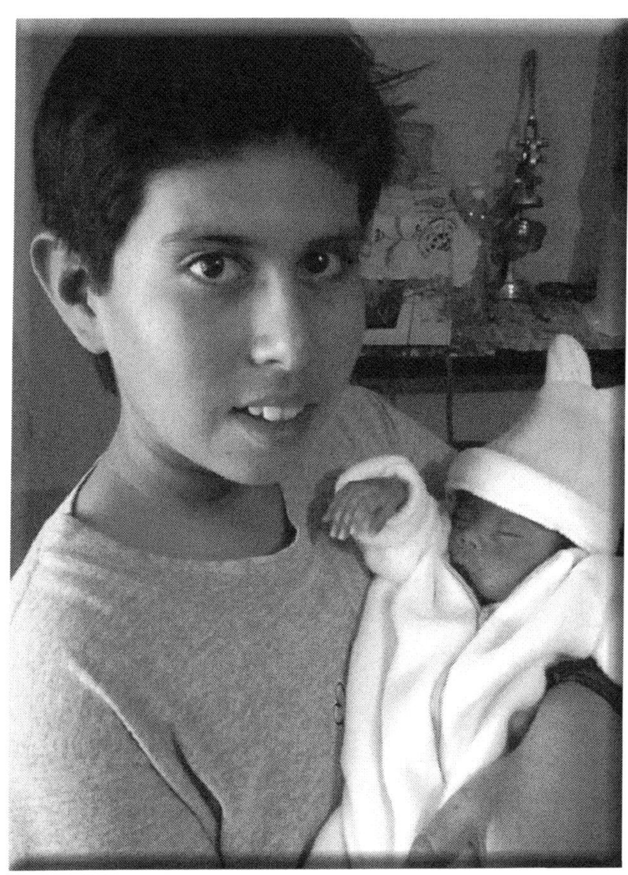

Esteban Espinosa

Con Ezequiel, el bebé que resucitó a través de la fe de este niño de once años.
2008
México

Dios lo había sanado.

Estando en su habitación del hospital, con suero, en cama y con su mamá a un lado, ambos se percataron de un movimiento de gente extraordinario afuera de su cuarto. Doctores y enfermeras iban presurosos de un lado a otro por el pasillo, dando y siguiendo instrucciones, en un ambiente de urgencia. Cuando entró una enfermera a la habitación de Esteban, le preguntaron que qué era aquella conmoción. Les explicó que un bebé prematuro, de una semana de vida, acababa de fallecer, después de haber logrado sacarlo de varios paros cardiorrespiratorios.

En ese momento, Esteban sintió el impulso de ir a orar por el bebé. Su mamá, viendo la situación, quiso reorientar el deseo o las buenas intenciones de Esteban, diciéndole que el bebé ya estaba con el Señor; que había que orar por sus papás y su familia, para que pudieran recibir el consuelo y el amor de Dios. Sin embargo, Esteban insistió una y otra vez en ir a orar por el bebé. Finalmente, se puso de pie y, con la ayuda de su mamá, quien lo sostenía con una mano y llevaba el suero en la otra, se dirigió hacia el pasillo y llegó hasta la sala donde estaba el bebé. No les permitieron entrar, pero desde la ventana pudieron ver al bebé, inmóvil y ya con una coloración de piel diferente. Desde el pasillo, Esteban levantó la mano hacia el bebé, y en voz audible, oró: —"Padre, en el nombre de Cristo declaro VIDA para este bebé. Declaro que este bebé cumple con el plan y el propósito que tienes para él." Y tranquilamente, se dio la media vuelta y encaminó a su habitación.

No habían pasado muchos minutos cuando vuelve a entrar la enfermera, toda emocionada, gritando: ¡Señora, señora!¡Lo que Esteban pidió se hizo realidad! ¡El bebé resucitó! ¡El bebé resucitó!" Los medicos sorprendidos no podían entender ese evento, solo decían ¡no puede ser!, ¡no puede ser! Ya estaba muerto

En mi último viaje a Monterrey, N.L. México, en el 2008 pude conocer a Esteban, y en una pequeña entrevista le pregunté: ¿qué hizo que en lugar de seguir instrucciones de tu mamá para orar por los padres de este bebé, tú insististe en orar por el bebé? A lo que sin dudar un instante él respondió: ¡Dios me lo dijo! Esteban tenía tan sólo ocho meses de estar siendo entrenado a escuchar la voz de Dios. ¿Se pueden imaginar qué sería de nuestros niños, si recibieran este tipo de entrenamiento?

Unos niños echan fuera demonios

Hay que tener mucho cuidado, incluso en la forma de hablarles a los niños en cuanto al diablo y los demonios. Es un hecho que necesitan saberlo hasta cierto nivel y hasta cierto punto. Desafortunadamente, muchos cristianos nos asustamos con estos temas. Hay muchos libros que hablan del poder de los demonios, y de las experiencias angustiantes y espeluznantes de la gente, incluso desde una perspectiva cristiana. Muchos cristianos se atemorizan también con el tema de la muerte. Se olvidan que aun el santo más pequeño entre nosotros tiene poder y autoridad sobre todo demonio del infierno. Ciertamente no querrás hablar demasiado de esto con nadie, en especial con los niños. Pero comparto estas historias poco comunes para que puedas darte cuenta que los niños pueden obrar en lo que Jesús nos dijo que hiciéramos, en la "Gran Comisión" de Marcos 16:15-18; es decir, echar fuera demonios.

Un amigo de mi familia, Paul Olson, fue misionero en África y en la India. Escribió un excelente libro, titulado "*Cómo tocar a un leproso*" (How to Touch a Leper), el cual te recomiendo ampliamente. Nos comparte muchas experiencias maravillosas que vivió en el campo misionero, incluyendo la que voy a narrar a continuación, de unos niños en África. En esa ocasión, Paul se fue a una aldea remota, en avioneta, con la esperanza de llevar el evangelio a una tribu no alcanzada. el protocolo en esa tribu, dice que hay que ir con el jefe, que en muchos casos es el brujo curandero, a pedirle permiso de compartir el mensaje. Eso fue lo que hizo Paul, pero el brujo no quería que su gente se convirtiera a ninguna otra "religión" que le fuera a quitar sus poderes, así que no le dejó predicar.

Sin embargo, por alguna razón desconocida, sí le permitió que les predicara a los niños y adolescentes de la aldea, los cuales eran cerca de ochenta. Paul no era ministro de niños, pero como eso fue lo único que le autorizaron, tomó la oportunidad. Les habló de Jesús, les explicó cómo nacer de nuevo y ser llenos del Espíritu Santo. Estuvo con ellos muchos días, enseñándoles todo lo que pudo. Todos recibieron a Cristo y fueron bautizados con el Espíritu Santo.

Cuando llegó el momento de irse del pueblo, Paul sabía que el jefe y sus dos amigos curanderos iban a estar muy enojados de que los niños se hubieran convertido a Cristo. Sabía, también, que la vida de los niños estaba en peligro por el conocimiento que ahora tenían. Por lo tanto, les instruyó cuidadosamente que el Espíritu Santo que estaba en ellos era mucho más poderoso que el poder de los curanderos. También les dijo sabiamente que si el curandero o cualquier otra persona quería causarles daño, lo que debían hacer era levantar las manos y decir: "¡Te reprendo en el nombre de Jesús!" Les dijo que ninguno de sus enemigos podría hacerles daño.

Paul se fue y, efectivamente, así sucedió. En cuanto los curanderos se enteraron de lo que había pasado, empezaron a perseguir a los niños con machetes, con la intención de cortarlos en pedazos. Los niños salieron corriendo y gritando, cuando de repente uno de ellos se acordó de lo que Paul les había dicho. Les dijo a todos que se detuvieran. Dieron media vuelta, extendieron las manos hacia los brujos, y al unísono, dijeron: "¡Te reprendo en el nombre de Jesús!"

Al instante, los curanderos se quedaron como congelados, y cayeron al suelo paralizados. Se quedaron inmóviles hasta que confesaron a Jesús como su Señor. Lo último que supo Paul es que después, uno de esos brujos fue el pastor de la misma aldea.

Aunque es un tema que debemos manejar con mucho cuidado con los niños, debemos considerar la importancia de que sepan cómo tomar autoridad sobre una influencia demoníaca en el nombre de Jesús, en caso de que alguien trate de hacerles daño, de secuestrarlos o de abusar de ellos de alguna manera. Vale la pena considerarlo. Así como les enseñamos que deben marcar el 911 (Número de emergencia en Estados Unidos) en caso de una emergencia, y que no deben subirse a un auto con una persona extraña, sería bueno enseñarles cómo usar un arma mucho más poderosa – la oración. "¡Suéltame, en el nombre de Cristo!" Bueno, esa es mi convicción.

Esther Ilnisky se ha cuestionado lo siguiente: "¿Tienen los niños que aman a Dios el derecho y la libertad de confrontar los espíritus de las tinieblas que quieren destruirlos? Mientras, por un lado, tratamos de protegerlos del mundo, ¿será posible que los estemos dejando vulnerables a dichos espíritus?" [2]

Niño desafiante liberado por otros niños

Mis amigos de Tanzania son dueños de Fuente de Amor, una escuela cristiana que se fundó para los niños más pobres del país - niños que, de otra manera, nunca lograrían obtener una educación de calidad. A todos los alumnos, además de lo académico, se les enseña a amar al Señor, a ser llenos del Espíritu Santo, a sanar a los enfermos, entre otras cosas. Un día, una mamá llegó con su hijo a la escuela, rogándole a Glorious, mi amigo, que por favor aceptara a su hijo como alumno. Le contó que, por su conducta rebelde, lo habían expulsado de cuatro escuelas, y esta era su última esperanza. De buen corazón, Glorious consintió en que el muchacho se quedara.

De inmediato empezó a aterrorizar a los otros niños, pegándoles, mordiéndolos, pellizcándolos, pateándolos, diciéndoles groserías y abusando de ellos de muchas otras formas. Después de un tiempo, los niños ya estaban hartos de ese pequeño monstruo. De alguna manera, llegaron a la conclusión, por sí solos, de que este niño tenía un demonio. Sin consultar a ninguno de los maestros y sin decirle a ningún adulto lo que iban a hacer, un grupo de ellos tomó al niño por sorpresa y simplemente echaron fuera al demonio. De la noche a la mañana, ¡el niño cambió y se convirtió en alumno modelo! Glorious me ha dicho que, desde entonces, ese niño es el mejor alumno de la escuela.

Percusionistas angelicales

Un día, en la iglesia, al final de la predicación, estaba cerrando el sermón. Acabábamos de escuchar una grabación de una reunión de niños, durante un avivamiento en Brownsville, que estaban gimiendo y orando en una lucha intensa. Durante unos momentos, descendió en toda la audiencia una profunda intercesión por los niños del mundo. Después, al ir decreciendo la oración, nos sentamos en silencio, esperando en el Espíritu. De repente, una niña se paró al lado de la plataforma y empezó a danzar en el Espíritu. No estaba distrayendo a nadie; de hecho, de alguna manera me llamó la atención, y me quedé observándola. Los pasos de la danza me parecían extrañamente familiares.

—Claire, ¿sabes lo que estás haciendo? —le pregunté—.

—No. —dijo—, sin detenerse.

De niña, mi abuelo, que era nativo americano, me había llevado a muchas danzas indias Powwow. Los pasos que estaba haciendo esta niña eran iguales a los que yo había visto en las danzas Powwow. Cuando se lo expliqué a Claire y al resto del grupo, todos espontáneamente entramos en intercesión de nuevo, esta vez específicamente por los niños nativos americanos, a quienes Dios también quiere usar en el avivamiento de los últimos tiempos. Claire continuó danzando proféticamente alrededor del salón, mientras las voces se elevaban al cielo.

Conforme las oraciones iban en crescendo, sentí en mi espíritu que alguien debía subir a la plataforma, a tocar el tambor de la batería. Miré alrededor, buscando al baterista del grupo de alabanza, pero no lo encontré. Al hacerse más fuerte la impresión en mi espíritu, decidí subí yo a la plataforma. Empecé darle al tambor con un ritmo constante, de acuerdo a mis limitadas habilidades en las percusiones, imitando lo que había oído en los Powwows. Nuestras voces y el tambor fueron adquiriendo intensidad, hasta llegar al clímax. Terminé con una serie de golpes definidos de tambor, y las voces fueron silenciando. Una vez más, nos quedamos quietos en la intensa presencia de Dios. ¡Nadie quería moverse!

Después de varios minutos, una persona de la parte de atrás del auditorio preguntó: —¿Alguien escuchó los demás tambores?— Por lo menos ocho o diez personas respondieron al instante, diciendo que también habían escuchado el salón lleno de tambores durante el tiempo que yo estuve tocando. Yo no los escuché con mis oídos naturales, y me sentí algo decepcionada de haberme perdido de algo sobrenatural. Debieron haber sido percusionistas celestiales, porque no había nadie más en el salón, más que nosotros.

Todo el servicio, incluso cuando estuve tocando el tambor, quedó grabado en videocasete, y más o menos un mes después, cuando estaba editando el sermón, escuché de principio a fin el tiempo de oración de aquel día. Al estar en silencio, reviviendo el momento, de repente se escuchó en la grabación, muy suavemente, como de fondo, el sonido de los percusionistas celestiales que me acompañaron. No estaba segura si me lo estaba imaginando o si lo estaba escuchando, en realidad. Así que les llamé a unos amigos para que vinieran a escuchar, y todos confirmaron haber escuchado los tambores en la grabación. ¡El sonido de los percusionistas celestiales estaba grabado en el video!

La intercesión poderosa y la intrigante manifestación de la presencia de Dios se dieron porque una niña escuchó a Dios, que le decía que danzara, y le obedeció.

Conclusión

Compartimos estas historias únicamente con el fin de abrir tu pensamiento en cuanto al potencial de los niños para operar en una diversidad de señales y prodigios. Son áreas a las que normalmente ni soñaríamos poder llevarlos. La mayoría de los adultos jamás hemos hecho lo que los niños de estos relatos han hecho. Quiero aclarar que no estoy sugiriendo que a los niños se les den clases para expulsar demonios o para levantar a los muertos, como sí sugiero que se les enseñe a escuchar la voz de Dios y a sanar a los enfermos. Presento estas historias para mostrar que lo que los adultos son capaces de hacer, también los niños lo pueden hacer. Dios no los ha limitado de ninguna manera, por lo que tampoco nosotros debemos limitarlos. Abre tu mente a la posibilidad de levantar una generación de niños que andan en lo sobrenatural de Dios. Luego, ten el valor suficiente para darles las herramientas necesarias. Al hacerlo, ayudarás en gran manera a redefinir el ministerio infantil en el siglo veintiuno.

En mi opinión, durante la etapa de preescolar es cuando los niños son más sensibles a lo sobrenatural y a la voz de Dios; más que en ninguna otra etapa de la vida, porque no han recibido educación contraria a ello.

Los Preescolares y Dios

Los preescolares caminan en lo sobrenatural de una manera natural

Una de las solicitudes que recibimos con mayor frecuencia es la de un programa para los niños de preescolar (de 2 a 5 años de edad) con el que se les pueda enseñar los temas que hemos descrito en este libro. Me emociona, porque demuestra que la gente no está poniendo límites de edad, ni siquiera a los más pequeñitos. De hecho, en mi opinión, la etapa de la vida en la que somos más sensibles a lo sobrenatural y a la voz de Dios es entre los tres y los cinco años, porque a tan temprana edad no se nos ha dado ninguna educación contraria.

Quizá has notado que muchas de las historias que presentamos en este libro involucran a niños de tres a cinco años. Creo, de verdad, que los más pequeñitos entran y salen del mundo espiritual con mucha facilidad. Pero la mayoría de las cosas que dicen las atribuimos a una imaginación muy activa. Si escucháramos con un poco más de atención lo que nos dicen, con un espíritu de discernimiento, nos sorprendería lo que descubriríamos.

Cuando terminé de escribir este libro, acababa de salir el programa para preescolares en inglés, Preeschoolers in His Presence ("Preescolares en Su presencia"), el cual ya está disponible también en español. Los animo, tanto a padres de familia como a ministros y líderes de niños, a que lo conozcan y lo implementen. Si quieren una "probadita" de este programa, a continuación presentamos algunas ideas sencillas que pueden dar resultados poderosos en la vida de los pequeñitos.

Otra opción es que tomen los programas que hemos publicado para niños de 6 a 12 años, y dividan las lecciones en porciones más pequeñas, enseñándoles a los preescolares sólo un pensamiento a la vez.

Centros del Espíritu Santo —Exhortamos a los maestros de Preescolar a organizar, en el salón de clase, así como en las escuelas y colegios tienen los centros de aprendizaje, nosotros hemos llamado a este modelo "Centros de Dios" y es ahí donde enseñamos a los pequeñitos sobre el Espíritu Santo y otros temas, para empezar a introducir tanto el lenguaje como los conceptos de lo sobrenatural de Dios. Proponemos ocho "Centros de Dios", cada uno con un tema específico y decorado llamativamente de acuerdo al tipo de centro y lo que se enseña ese día.

Centro de Adoración —En este centro, los niños escucharán al menos un canto de adoración cada la semana. Estas canciones de adoración propiamente, se dan además de las canciones que se acompañan de movimientos y mímica. Aquí aprenderán a imaginarse a Jesús en su trono, o abrazándolos, cargándolos, etc. Aprenderán a levantar las manos a Dios en sumisión, y seguirán a su maestra/o en expresiones como: "Te amo, Dios."

Centro de Sanidad —La enseñanza central es sobre la sanidad del enfermo. Para estimular el aprendizaje puedes usar, por ejemplo, una muñeca, una camita de juguete y una caja de curitas. Esta idea, que resulta sumamente útil, la aprendí del ministerio de Mark Harper, hace varios años. Cada semana, ponle a la muñeca una curita en diferentes partes del cuerpo. Enséñales a imponer las manos sobre la muñeca, a hablarle al dolor o a la enfermedad, y a ordenarle que se vaya en el nombre de Jesús. Después de orar y de retirar las manos, quita también la curita, y diles: "¡Miren, la muñeca ya está bien!" Enséñales a dar gracias al Señor por lo que ha hecho.

Centro Escuchando la voz de Dios —Prepara un par de orejas de papel para cada niño y repártelas. Pídeles que se las coloquen sobre el abdomen, porque ahí es donde se encuentra su espíritu, y donde escuchamos la voz de Dios con los oídos espirituales, no con las orejas que tenemos en la cabeza. Luego, diles que se sienten y que cierren los ojos un ratito. (de 30 a 60 segundos). Diles que estén atentos porque Dios les va a hablar o les va a mostrar un dibujo o les va a decir algo con palabras. Después de un minuto de silencio, pídeles que compartan lo que vieron o escucharon. Ayúdales a interpretar el significado posible de lo que recibieron.

En una de nuestras reuniones, un niño de cinco años nos dijo que cuando cerró los ojos, se vio a sí mismo sentado en el regazo de Jesús, y Jesús le tomó una foto. Los demás niños se rieron cuando dijo eso, pero interrumpí y les dije, "A ver, ¿por qué tomamos fotografías? Porque queremos recordar un momento especial para siempre, ¿verdad? Jesús le tomó una foto a Bobby sentado en su regazo porque fue un momento especial, y Él lo quiere recordar siempre."

Centro del Espíritu Santo — En este centro les puedes contar historias del poder que Dios nos da cuando su Espíritu Santo nos llena. Puedes usar las siguientes ayudas visuales: una vasija de aceite, una "flama" hecha de papel celofán rojo, amarillo y naranja, y algún objeto pequeño que represente fuerza y poder. Usa un visual diferente cada semana para hablarles de las distintas cosas que el Espíritu Santo hace en nuestra vida. Cuando el Señor te indique, explícales que pueden ser llenos del Espíritu Santo y hablar en lenguas. Muéstrales cómo, cerrando tú mismo/a los ojos, levantando las manos y hablando en lenguas durante unos diez o quince segundos. Pregúntales si alguno quiere ser lleno del Espíritu Santo. De ser así, guíalos en una oración breve y observa lo que sucede. No fuerces las cosas, sobre todo las lenguas; cada cosa va a suceder cuando estén listos.

Centro de Salvación —No olvidemos decirles con frecuencia a nuestros pequeños santos acerca del sacrificio que hizo Jesús por nosotros, y cómo podemos pedirle que entre a nuestro corazón y limpiarnos del pecado. Puedes poner una cruz de unos sesenta centímetros de alto en medio de los niños, para que se sienten alrededor de ella. Cada semana, enséñales un aspecto distinto de la salvación. La primera semana, explícales su sacrificio y cómo tomó nuestro lugar. La siguiente, que la salvación es un regalo; puedes darle a cada niño un regalito envuelto, con su nombre.

Otro día, háblales de que, cuando Jesús lava nuestros pecados, recibimos un corazón limpio. Dale a cada niño un corazón blanco para que se lo cuelguen como collar. Pregúntales si quieren pedirle a Jesús que los limpie de sus pecados, y ora con ellos. Diles que podremos ir al cielo un día, porque Jesús nos perdona los pecados. Para representar el cielo, pinta, de color azul claro, el interior de una caja de cartón. Pégale bolitas de algodón por todas partes, a manera de nubes, y un poco de brillo dorad para explicarles que en el cielo caminaremos por las calles de oro.

En otra reunión, puedes hablarles de cómo evitar el infierno. Pinta una caja de negro por dentro. Corta flamas de papel rojo y naranja y pégalas a los lados. Explícales lo que es el infierno, que es un lugar muy oscuro y solitario, donde Dios no está.

En otra sesión enséñales cómo resucitó Jesús y que, como resucitó, puede salvarnos. Usa un muñeco, como Ken, y vístelo como si fuera Jesús. Colócalo dentro de una caja de zapatos o algo semejante a un ataúd. Levántalo y explícales cómo Jesús resucitó de los muertos.

La lista de posibilidades es interminable. Los niños aprenden por medio de la repetición, y disfrutan mucho escuchar una y otra vez las enseñanzas.

Centro de Misiones —Pon un globo terráqueo, y consigue para cada niño pelotitas inflables con el mapa del mundo impreso en ellas. Cada semana, al orar por un país, trae imágenes de niños de ese país (consíguelas en libros o en el Internet). Enséñales a tener compasión por los niños del mundo, y a orar por sus necesidades y por su salvación. Háblales de la importancia de darles las buenas nuevas de esperanza, que es Jesús.

Centro de Evangelismo —En este centro puedes exhibir una corona con muchas piedras preciosas. Explicarles que es la "corona del ganador de almas", o lo que la Biblia llama "la corona de gozo," que representa a la gente que es salva a través de lo que les decimos acerca de Jesús. Prepara un par de zapatos recubiertos de diamantina dorada, que se vean muy bonitos. Diles que representan "los hermosos pies" de quien le habla a la gente de Cristo. Cada semana habla de cómo platicar con otras personas acerca de Jesús, y por qué. Dale a cada niño la oportunidad de "testificar" a los demás.

A quienes no se sientan con suficiente valor para "predicar" o compartir su fe con otros, permíteles que se pongan los zapatos bonitos cuando lo hagan.

Es muy importante que los enseñes a dar testimonio cuando Dios contesta su oración. Los testimonios son la mejor herramienta para compartir de Cristo con otras personas. Sería adecuado tomar un tiempo para orar por las "almas perdidas." Puedes tomar prestada la idea de Carol Koch, de escribir, en un corazón de cartulina, el nombre de alguien que necesita ser salvo. Si el niño tiene una foto de esa persona, la puede pegar al corazón o atarlo con un estambre, para colocarlos en un lugar especial donde podrán ir y orar por ellos. Enséñales a imponer las manos sobre el corazón de la persona que desean que conozca a Jesús, y a orar por su salvación.

La excepción a la regla

Conociendo cuan activos que son estos pequeñitos, cuatro o cinco minutos en cada centro, son más que suficientes. Es importante repetir todos los centros el siguiente domingo. Si el tiempo o el espacio o los recursos que tienes son limitados, prepara un centro distinto cada semana. Pide al Señor que te dé ideas creativas en cuanto a los visuales, porque lo que más impacta a los niños es lo visual.

Estas actividades no deben sustituir la lección o el programa de la escuela dominical, sino que son un complemento. La capacidad de atención de un niño de preescolar obedece a una regla muy precisa: por cada año de edad, tienen un minuto de atención en una actividad específica. Por lo tanto, si la sesión dura una hora, debes prepara entre doce y quince actividades para mantenerlos atentos. Los centros de aprendizaje pueden ser muy útiles para ampliar el tiempo total de atención.

Con respecto a lo que se menciona en los primeros capítulos, sobre no repetir las historias bíblicas una y otra vez, el grupo de preescolar es la excepción. Los niños de dos a cinco años necesitan escucharlas repetidamente; es el grupo que le saca más provecho a las historias de la Biblia, y al escucharlas una y otra vez. Busca un buen programa de cualquiera de las editoriales más conocidas, y usa todo lo que ofrece. Además, complementa y enriquece ese material con los Centros de Dios para ir introduciendo los temas de las obras sobrenaturales de Dios. Si tienes dos reuniones a la semana con el mismo grupo de preescolares, por ejemplo, una el domingo y otra entre semana, una de las sesiones la puedes aprovechar para dar las historias bíblicas, y la otra para los Centros de Dios y la enseñanza sobre el Espíritu Santo.

El hombre que estaba en la oscuridad

El siguiente testimonio nos lo envió un pastor de niños de Pensilvania, que estaba usando el programa de KIMI "Escuchando la voz de Dios". con un grupo de su iglesia, de niños de tres a cinco años de edad; uno de ellos tuvo una visión, la cual narran, a continuación, la maestra y su asistente. Al final, el pastor agrega los comentarios de la mamá del niño.

"En el grupo de niños que dirigimos, siempre había salido todo bien, pero, a la vez, nunca había sucedido nada extraordinario, hasta el día que Matthew tuvo la visión que vamos a narrar. Ese día, el tiempo de adoración estuvo especial… más de lo normal. Darrel (el asistente) y yo (Tina, la maestra) motivamos a los niños a fluir según el Espíritu les guiara. Todos participaron muy activamente y con mucha pasión. Estaban tan metidos en la alabanza, que pidieron que cantáramos otra canción.

Los animamos a fluir libremente, a que se movieran a su ritmo, permitiéndole al Espíritu Santo que danzara a través de ellos. ¡Estaba aquello increíble! Todos los niños estaban fluyendo en el poder de Dios, sin inhibiciones. Ni siquiera se volteaban a ver unos a otros. Darrel y yo estábamos maravillados con lo que Dios estaba haciendo. Más o menos a la mitad del canto, Matthew miró hacia abajo, cerca de donde tenía los pies, —y gritó—, ¡Ahí está, abajo! ¡El hombre; está ahí abajo en la oscuridad y no puede salir!—

Todos voltearon a ver a Matthew; rápidamente fui y me senté con él. Su voz estaba tensa, y su carita se empezaba a poner roja. —Dijo—, —¡Maestra, tenemos que ayudarlo! —¡Está ahí, en la oscuridad!

Apagué la música, porque para ese momento estaba tan apasionado con el asunto del hombre, que todo el grupo lo miraba preocupado. En cuanto apagué la música, les dije a todos que se sentaran. Obedecieron como nunca lo habían hecho; todos se sentaron ahí donde habían estado danzando. Estaban muy quietos; les dije que oraran en el Espíritu. Con calma, les expliqué que Matthew estaba bien, que estaba recibiendo una visión, y que debíamos permitir que el Espíritu Santo nos guiara. Todos los niños extendieron las manos hacia Matthew y cerraron sus ojos, orando en el Espíritu. Matthew volteó hacia Josh, lo tomó por los brazos y con voz de urgencia, —le dijo —¡Tenemos que hacer algo, Josh. Ese hombre está en la oscuridad! Matthew mostraba mucha emotividad en cuanto a la visión del hombre.

Darrel les pidió a los niños que siguieran orando en el Espíritu, mientras yo le decía a Matthew: 'Vamos a orar y a creer que ese hombre recibirá un milagro. Jesús lo ama, y quiere que salga de la obscuridad.' Traté de alentar a Matthew diciéndole que el hombre estaba bien, y que escucharíamos la voz de Dios que nos diría como orar.

Matthew escuchó cada una de mis palabras. Incluso, nos dirigió en oración. Pero no lograba tener paz.

—Le pregunté— ¿Conoces a ese hombre?

—Dijo— —No.

—Pregunté— —¿Le ves el rostro?

—Respondió— —No.

Entonces, —le dije—, —está bien, porque sí Dios sabe quién es, sabe dónde está.

—Le pregunté: —¿Qué es la oscuridad en la que está?

—Y contestó —Es el pecado del hombre; él no quiere estar ahí, pero no sabe como salir—.

Oramos para que se arrepintiera de sus pecados, y le ordenamos a Satanás que lo dejara libre. Oramos, oramos y oramos, pero Matthew aún estaba inquieto. Todos los niños recibieron dirección del Espíritu Santo a orar. ¡Era IMPRESIONANTE todo lo que estaba pasando! Pero la carga seguía.

Dios se movió de una forma tremenda. Incluso el niño más pequeño estaba sentado, orando y mostrando mucha compasión, emoción y preocupación por el hombre en cuestión. Hasta usamos la oración del refrigerio para orar por él, porque Matthew me —dijo— Maestra, tiene hambre, y cuando le pregunté: —¿De qué tiene hambre? Me miró y me dijo: —de Dios."

Darrel y yo nos miramos y dijimos ¡Uauu!

No necesito decirles que oramos para que Dios enviara a sus ángeles alrededor de ese hombre; que lo protegiera; que le proveyera alimento espiritual y natural; que las ataduras que lo sujetaban se rompieran en el nombre de Jesús. Matthew le dijo a Satanás: —¡Deja ir al hombre, en el nombre de Jesús! No lo puedes retener.—

Se calmó un poco, pero después lo volvió a mencionar unas cuantas veces más. Darrel y yo le dijimos que siguiera orando como el Espíritu Santo le había mostrado, hasta que el Señor le indicara; que sólo necesitaba esperar en fe; que Dios haría lo que el hombre necesitaba. Matthew me miró muy serio y dijo: —Lo voy a hacer.

Cuando terminó la clase me abrazó, y comentó: —Le voy a contar a mi mamá sobre el hombre.

—Maravilloso, —le contesté—.

El haber presenciado todo esto me fue de mucha bendición. ¡El tener la experiencia de enseñarles todo esto a los niños, y ver que lo que Dios está haciendo es cambiar vidas es muy emocionante!

Comentarios finales del Pastor de niños:

"Animamos a Matthew a que cuando llegara a su casa le contara a su mamá lo que había sucedido en la clase. Sin embargo, no lo hizo. De modo que ella no se enteró de la visión. Más tarde, ese mismo día, le dijo a su mamá que había tenido una 'palabra'. Su mamá le preguntó: ¿Cuál fue la palabra? —a lo que él contestó: —¡El hombre va a estar bien! Su mamá nunca supo de lo que estaba hablando, así que le preguntó acerca de ese hombre. Él sólo repetía con pasión que el hombre iba a estar bien. Después, cuando hablé con ella, le conté lo que su hijo había experimentado en el grupo de niños. Hasta entonces pudo comprender de qué se trataba la 'palabra'.

Beatrice

La primera vez que me llamó la atención Beatrice, fue en una conferencia de alabanza, en Carolina del Norte. Tenía, en aquel entonces, sólo cuatro años de edad. La conferencia estuvo poderosa. Esa noche en particular, el director de música invitó a la gente de la congregación a pasar al frente a cantar al Señor espontáneamente, mientras el grupo de alabanza tocaba. Se formó una fila larga, y al final de la fila, tan pequeña que apenas se veía, estaba Beatrice. Tomó un buen tiempo para que pasara toda la gente que estaba delante de ella, pero se esperó con paciencia, sin salirse de la fila, como muchos niños de esa edad lo hubieran hecho.

Ya no había nadie en fila, más que Beatrice. El líder de alabanza, sonriendo, le pasó el micrófono. Empezó suavemente el canto; empezó a cantar melodías espontáneas, con mensajes del Espíritu de Dios. Estaba a tono y en perfecto ritmo con los músicos. Expresaba palabras más allá del conocimiento y experiencia propios de su edad. A la vez, estaba declarando el plan de Dios para los niños del reino. Yo estaba asombrada.

En otra ocasión, una tarde, Beatrice estaba con su papá y su abuelo en el parque, meciéndose en los columpios. Su papá la estaba columpiando muy fuerte, para ser tan pequeña. Su abuelo le preguntó: —Beatrice, ¿no tienes miedo de elevarte tanto en el columpio?

—¡No!, —contestó confiadamente—.

—¿Por qué no?, —le preguntó su abuelo.

—¡Porque hay un ángel muy grande que me está cuidando!—

¡Vivirás, y no morirás!

Uno de mis pasatiempos, si se le puede llamar así, es coleccionar videos y casetes de niños que hacen cosas profundas en Dios, como sanar a los enfermos, orar, danzar, predicar o alabar. Un casete que me enviaron era de un niño precioso, de cuatro años, que se llamaba Joshua. Él y su familia asistían a una iglesia en California hasta que se fueron a Irlanda de misioneros.

Cuando estaban en Irlanda, recibieron noticias de que la maestra de la iglesia infantil de Joshua en California estaba gravemente enferma a causa de su embarazo, y parecía que no sobreviviría. De hecho, cuando recibieron el mensaje, los doctores ya habían declarado clínicamente que tenía muerte cerebral. En el momento en que Joshua recibió la noticia, quiso orar y ayunar por ella de inmediato.

Sus padres le prepararon una grabadora, con la que registró una oración para su maestra que luego le enviaron. En el mensaje, le agradecía que le hubiera ayudado a ser lleno del Espíritu Santo, porque, dijo Joshua, "Yo uso a ese Espíritu Santo para ayudarle a mi papá en el altar." Compartió otras cosas acerca de su hermanita bebé, y entonces oró. La oración fue corta pero poderosa. —Le hablo al coágulo sanguíneo que está en la cabeza de Chía, y le ordeno que se vaya, en el nombre de Jesús—. Oró por su protección con la sangre de Jesús, y declaró que ella viviría y no moriría, y que podría criar a su bebita. Fue una oración muy madura para un niño tan pequeño. Efectivamente, Chía vivió y crió a su bebita. Incluso, en el reporte, el médico lo declaró como un milagro.

Las aventuras de Ivy y Dios

Ivy es la niñita de la que hablé en el capítulo sobre los niños y la oración. Asistía a la iglesia donde fui pastora de niños. A pesar de ser demasiado pequeña para participar en los servicios infantiles, allí estaba. Su mamá me mantenía informada de su hija. Las siguientes historias, y otras más, han sido una fuente de inspiración para mí. Durante años han fomentado mi convicción de que los preescolares pueden ser ministros poderosos.

Los ojos del abuelo

Cuando Ivy tenía dos años, su abuelo repentinamente tuvo un problema serio en los ojos. Los médicos declararon que se trataba de un desprendimiento de retina. El operarlo sólo le ofrecía un 50% de posibilidades de mejoría. Sin embargo, decidió que era su única opción para volver a ver normalmente, por lo que decidió que se operaría. Después de la cirugía, a decir del doctor, la operación había sido un éxito. Pero por alguna razón, los ojos del abuelo no mejoraron. La luz intensa le cegaba la vista, de tal manera que tenía que usar anteojos especiales que le cubrieran los lados para que no le entrara nada de luz. Pasaron dos meses, y no hubo mejoría alguna.

Una tarde, el abuelo fue a la casa de Ivy de visita. Se veía muy desanimado. No lograron animarlo con nada. Finalmente, se levantó para irse. Cuando ya estaba fuera de la casa, Ivy fue corriendo con su mamá a preguntarle por su abuelito. —Se acaba de ir, —le dijo— su mamá. Entonces Ivy casi gritó: —¡No!— y corrió a la calle para alcanzarlo.

—¡Abuelito, abuelito! —¡Espérame! ¡Tengo que hacer algo!—, le gritó al correr por la banqueta. El abuelo con paciencia se inclinó para levantarla, —y le preguntó, —¿Qué es lo que tienes que hacer?"

—¡Tengo que besarte en los ojos! Al decir eso, le quitó los anteojos, le dio un beso en cada ojo, —y dijo —¡Jesús!— Luego, le puso los anteojos. Cuando hubo terminado, bajó de sus brazos y se metió a la casa a jugar. En el transcurso de una semana, los ojos del abuelo habían sanado completamente, y pudo regresar a trabajar.

En la brecha a los dos años

Al principio, la mamá de Ivy no supo qué hacer cuando su hijita de dos años se postró y empezó a gemir en lo que parecía un tipo de intercesión. Era tan gracioso, que lo único que hizo fue reírse. Le preguntó a Ivy que cuál era el problema, y todo lo que dijo fue —Raquel, una niña de dos años, de la iglesia. Finalmente, su mamá le dijo, —ora lo mejor que puedas, y yo voy a orar en mi lenguaje de oración. Así lo hicieron.

Dos minutos después, Ivy se detuvo de pronto, —y dijo, —¡ya está!— Saltó de donde estaba sentada y se fue corriendo a jugar. Su mamá no volvió a pensar en todo esto, hasta el siguiente día que visitó a Julie, la mamá de Raquel.

Julie le contó que, el día anterior, creyó que iba a tener que llevar a Raquel a urgencias porque se había metido una bolita en la nariz y no se la podían sacar. La niña no sabía como echarla fuera; en lugar de exhalar con fuerza, seguía inhalando, introduciéndola más profundamente. Después de mucho esfuerzo, finalmente lograron sacársela. Las mamás calcularon el tiempo que transcurrió entre el incidente y el momento en que Ivy estuvo orando, se dieron cuenta que fue más o menos a la misma hora.

Montando en bicicleta proféticamente

Cuando Ivy tenía cuatro años, el aprender a andar en bicicleta sin las rueditas se había vuelto un reto y una pasión. Los que la conocemos, estaríamos de acuerdo en que ella no es de las que se rinden fácilmente. Sin embargo, pesar de haber batallado todo el día y parte de la noche, incluso con la ayuda de papá, no logró su objetivo. Tuvo que volver a la casa a cenar, sintiéndose derrotada.

Estaba exhausta por el esfuerzo del día. Al sentarse ante un plato de cereal, se adormeció un momento —lo suficiente para que una bolita de cereal se le cayera de la boca.

Entonces, con un nivel de energía inesperada, Ivy se bajó de la silla, gritando—¡Mami, mami! ¡Jesús me acaba de mostrar cómo andar en bicicleta! ¿Crees que papi me pueda ayudar a intentarlo de nuevo ahorita mismo? Con el consentimiento de mamá, se fue corriendo afuera. Unos minutos después, la mamá salió para ver a su hija. Ahí estaba, satisfecha, paseándose en bicicleta por toda la banqueta, sin las rueditas.

—¿Qué pasó?— le preguntó su mamá.

—El papá de Ivy contestó, —no sé—. Solamente salió, y comenzó a andar en bicicleta sin problema.

Tesoros terrenales

Una noche, al salir de la iglesia e ir camino a casa, una ambulancia pasó cerca del auto de la familia de Ivy. Su mamá dijo, —vamos a orar por la persona que va en esa ambulancia. Fue una oración normal, seguida por un momento de silencio. De repente, Ivy comenzó a orar de nuevo. Pidió por el hombre que iba en la ambulancia, para que fuera totalmente restaurado, y —para que te conozca, Señor, y que la enfermedad no se lo lleve—.

La mamá de Ivy, no queriendo interrumpir el momento, comenzó a orar en el espíritu, cuando de repente Ivy gritó. —Sí. Y la familia china, que te pueda a conocer, Señor; toda la familia, y que sea liberada. La niña, que entonces tenía cuatro años, empezó a reprender al diablo. Su mamá sólo se reía de todo lo que su hijita le estaba diciendo al diablo.

—¡Cosota apestosa!, —le gritó—. —Y sí, eres un dios. ¡Pero no eres mi Dios! ¡Tú eres el dios de este mundo, pero yo no te sirvo como mucha gente lo hace!

Su mamá, que ya no se estaba riendo, pensó, ¿quién le enseñó esas cosas? Yo no se las enseñé. Ya en la casa, al entrar a la cochera, Ivy se calmó. La paz de Dios visiblemente posó sobre ella. Tenía en sus manos una caja con sus juguetes preferidos —los que tanto quería—. Los miró, y le dijo a su mamá, ya no necesito estos juguetes. Tengo a Jesús. Vamos a regalarlos. Su mamá sabiamente le dijo, Ivy, tú sabes que eso es lo que sucede cuando uno se acerca más a Dios; las posesiones ya no son tan importantes. Uno se da cuenta que su corazón ya no está en esas cosas, como lo estaba antes. Pero no los regales todavía; vamos a pensarlo un poco más. Ivy escuchaba a su mamá mientras entraban a la casa.

La intercesión de la hamburguesa

Burger King pudiera parecer el lugar más inadecuado para que sucediera algo espiritual. Sin embargo, cuando la familia de Ivy estaba en fila para ordenar la comida, su mamá entabló una conversación sencilla con las personas que estaban detrás de ellos. La señora estaba embarazada, y la mamá de Ivy le hizo la típica pregunta que se le hace a una futura mamá. Luego, tomaron su comida y se fueron a la mesa a comer.

La mujer y su familia se sentaron justo detrás de ellos. Toda la comida transcurrió sin ningún incidente que llamara la atención. Al terminar Ivy y su familia, se levantaron para irse. En eso, la mamá de Ivy notó que su hija estaba viendo a la otra familia de reojo. En silencio, puso su hamburguesa en la mesa y se quedó mirando su comida.

Su mamá la conocía tan bien, que le preguntó, —¿Qué está pasando, Ivy? En ese mismo instante, Ivy se puso la mano sobre el estómago.

—¿Sientes que debes orar?— Ivy asintió con la cabeza y empezó su típica oración de poder. Comenzó a clamar la sangre de Cristo por aquella familia Oró algo así: —¡Ese carro no los va a chocar, y van a llegar a salvo a casa, en el nombre de Jesús!

Luego, tomó su hamburguesa y comió. Más tarde, su mamá le preguntó con aplomo, —¿Así que sentías que un carro iba a chocar a la familia que estaba junto a nuestra mesa?

— Si. ¡Pero ya no!, —respondio Ivy—.

Con frecuencia, los niños no saben por qué sienten la urgencia de orar. Simplemente lo hacen. Así que, démosles espacio; dejémoslos orar. Al permitirles que oren y se expresen con Dios, quién sabe si estemos participando con ellos en el aborto de una tragedia que no vemos venir. dice Esther Ilnisky, de Global Children's Prayer Network (Red Global de Niños de Oración)

Conclusión

Hay muchas más historias de niños de preescolar que pudiera incluir en este libro. Sin embargo, espero que las que he narrado te abran la mente y el corazón a la realidad de que Dios puede, y de hecho, usa a los preescolares poderosamente para Sus propósitos. ¡Que ejército de Dios tan grande tendríamos, si pudiéramos captar la visión de criar a los niños desde el vientre para que sirvan a su Maestro todos los días de su vida! Éste es un mensaje que debe extenderse a lo largo y a lo ancho de todo el mundo, no sólo a los ministros infantiles, sino también a los padres y a los abuelos. Si entrenamos a nuestros niños en lo sobrenatural desde pequeños, y los seguimos entrenando todos los días de su vida para realizar las obras de Jesús, definitivamente estaremos redefiniendo el ministerio infantil del siglo veintiuno.

Considero que debemos incorporar estos conceptos al ministerio infantil para poder detener el éxodo creciente de los jóvenes de la iglesia cuando llegan a la edad adulta.

Resumen

Las ideas que se presentan en este libro con respecto al ministerio de niños, posiblemente te sean completamente nuevas. De hecho, pudiera ser demasiada información para digerirse de una sóla vez. Por lo tanto, a continuación te ofrecemos una lista que resume los puntos más importantes de lo hemos indicado como áreas que requieren un cambio. Si queremos cautivar la mente y la imaginación de los niños con la esperanza de conservarlos como miembros activos de la Iglesia de Jesucristo, éstas son las principales áreas que debemos considerar en oración. Estos conceptos están basados en mi punto de vista y en mi experiencia como ministro de niños. Considero que debemos incorporarlos al ministerio infantil para poder detener el éxodo creciente de los jóvenes de la iglesia al entrar a la edad adulta. He visto su efectividad a lo largo de todos los años que he estado en el ministerio. Hay muchas otras voces dentro del ministerio de niños que tienen perspectivas diferentes, y son dignas de consideración. Sin embargo, a mi parecer, los siguientes son asuntos fundamentales que puede utilizarlos cualquier tipo de organización, e incluso los padres en la educación de sus hijos.

1.- **Debemos recordar que los niños necesitan tener su encuentro y experiencia personal con el Dios viviente.** Aceptemos el hecho de que son capaces de experimentar absolutamente todo lo que Dios ha puesto a disposición de nosotros, como seres espirituales. Por lo tanto es imperativo y urgente que hagamos todo el esfuerzo posible para cerciorarnos que Dios esté tangiblemente presente en todo servicio de niños. Esto se logra al planear un tiempo para la adoración genuina, llevándolos al mismo trono de Dios, con el fin de que se sienten tranquilamente en Su presencia y escuchen Su voz. Es importante, posteriormente, que compartan con los demás asistentes lo que han visto y oído. También sucede cuando dedicamos un tiempo para el llamado al altar, "a la antigüita", donde regularmente se les da un tiempo a los niños durante la reunión para buscar el rostro de Dios.

2.-**Necesitamos reconsiderar concienzudamente el menú espiritual y la dieta con la que alimentamos a nuestros niños**. Debemos darnos cuenta que son totalmente capaces de digerir la "carne" de la Palabra, la cual incluye temas que normalmente se consideran adecuados sólo para el adulto. Es importante tomar en cuenta que, incluso lo que la Biblia llama "leche," es más sólido que aquello con lo que normalmente alimentamos a nuestros niños. Debemos abandonar la costumbre de alimentar a los niños con la "dieta básica" de historias bíblicas, y cerciorarnos de que estén bien firmes en todas las doctrinas bíblicas y conceptos que nos guían a una vida sobrenatural y victoriosa.

3.-**Tanto los ministros de niños como los padres, necesitamos ajustar nuestro estilo de enseñanza, de manera que seamos mentores activa, deliberada, participativa y objetivamente, en todas las áreas en las un cristiano requiere ser discipulado.** Necesitamos reconocer que nuestra función es entrenar y dar herramientas a los pequeños santos. Esto no sólo significa que les diremos cómo hacer las obras que hizo Jesús, sino que les mostraremos cómo hacerlas, y luego les daremos la oportunidad de practicar y hacer lo que les acabamos de mostrar. Los ministerios de niños deberían ser talleres de operación del cristianismo en todas sus áreas, que son: la oración por los enfermos, el escuchar la voz de Dios, el ser guiados por el Espíritu Santo, la oración y la intercesión, la adoración, el compartir la fe y guiar a otros a Cristo, el predicar, el operar en señales y milagros, así como en los dones del Espíritu, el entrenamiento en el ministerio profético, y cualquier otra cosa que Jesús haya considerado como parte del cristianismo normal.

4.- **Es necesario tener una visión fresca del objetivo de nuestro llamado. Debemos preguntarnos, ¿Cómo es, o cómo debería ser, un niño que es un discípulo comprometido de Jesús? ¿Qué se requiere para llevarlo a ese nivel?** Para enseñar a los niños, se requiere un método completamente diferente al que estamos usando actualmente. Es necesario incluir activamente el hacer las obras que hizo Jesús. El que en una iglesia haya equipos infantiles de oración, de sanidad, de ministerio profético y de evangelismo, debería ser tan común como que tenga escuela dominical. La visión fresca de nuestro llamado como ministros de niños debe incluir el equipar a los niños de tal manera que puedan participar activamente en el ministerio de los creyentes.

5.- **Los líderes de la iglesia, en particular los que tienen la unción de los cinco dones ministeriales, deben reconsiderar seriamente su participación en cuanto a la salud y la vitalidad espiritual de los niños que están bajo su liderazgo, así como el delegar por completo a los ministros de niños el contacto con ellos y la responsabilidad de enseñarles.** Necesitan reconocer, como administradores de los cinco dones ministeriales en el cuerpo de Cristo, que ellos tienen la capacidad de dar y activar dones en los niños y en los adolescentes de su iglesia como nadie más. Los pastores, ancianos y líderes deben reconocer que es de vital importancia que quienes dirigen el departamento de niños o de escuela dominical deben ser personas que saben operar en los dones, de igual manera que lo es en los departamentos de adultos. Quienes creen tener el llamado al ministerio de tiempo completo como verdaderos apóstoles, profetas, evangelistas, pastores y maestros, deben buscar a Dios seriamente para determinar si su llamado es, en efecto, a los adultos, o si es a los niños. Menciono esto por el hecho de que la relación entre la cantidad de ministros infantiles, y la cantidad de niños y jóvenes a los que hay que alcanzar y ministrar, está totalmente desproporcionada. Considerando el impacto crítico que tiene el ministerio de niños en la supervivencia saludable de la iglesia a largo plazo, es inminente que los pastores y otros ministros tengan una actitud y disposición abiertas para hacer ajustes según se requieran.

6.-**Es necesario que exista una relación fresca entre los padres y la iglesia, la cual que permita que la iglesia apoye a los padres en su responsabilidad de discipular y equipar a los niños en casa.** Como líderes de la iglesia, debemos proporcionar a los padres las herramientas, la confianza y el entendimiento para que continúen el proceso de desarrollo espiritual en la vida diaria de sus hijos, lo cual la iglesia no puede hacer. Comencemos, ayudando a los padres a ver el potencial de sus hijos. Debemos mostrarles cómo pueden ayudar a sus hijos a caminar en lo sobrenatural de Dios no sólo en la Iglesia, sino también en la casa, en la escuela y en el juego. Debemos guiarlos a considerar y a tomar su rol de discipuladores y mentores de sus hijos, lo cual muy probablemente incluya entrenar a los padres mismos.

7.- **Es necesario que haya músicos ungidos, talentosos y entrenados, que consideren seriamente su responsabilidad dentro del**

ministerio infantil, que es llevar a los niños a los niveles más altos de alabanza y adoración. Esto es un elemento vital en el caminar cristiano diario, tanto de adultos como de niños. En lugar de considerar la alabanza y la adoración de los niños como algo de poca estima, es importante ayudar a los músicos a darse cuenta de cuan intensamente pueden adorar a Dios cuando se les entrena y se les da la oportunidad. Nos es necesario pedir al Señor que envíe músicos que guíen a los niños y los impulsen al nivel que deben alcanzar.

8.- **Debemos considerar seriamente el guiar a los niños a ser llenos del Espíritu Santo y a hablar en lenguas, a fin de poner el cimiento para una vida sobrenatural en Cristo.** Es importante presentar a los niños este tema con frecuencia y regularmente, enseñándoles de muy claramente por qué es tan valioso, y cómo esta experiencia los impulsará en su caminar cristiano. Debemos entrenarlos y discipularlos para que puedan usar con frecuencia su nuevo don durante los servicios, de manera que el incorporarlo a la vida diaria sea algo habitual. Si no tomamos el riesgo, tendrán sólo una experiencia de hablar en lenguas y no volverán a usar su don.

9.- **Es crítico que les enseñemos a los niños a escuchar y a reconocer la voz de Dios, a obedecerle y dejarse guiar por Él.** Este entrenamiento debe empezar desde que el niño está en preescolar, y continuar a lo largo de toda su vida. Después de la salvación y el bautismo en el Espíritu Santo, creemos que el entrenar a los niños a escuchar la voz de Dios es lo más importante que les podemos enseñar.

10.- **Para Redefinir verdaderamente el ministerio infantil durante nuestra vida, es crítico que este mensaje llegue no sólo a los ministros de niños, sino a los líderes de iglesias, padres de familia, editores de programas, autores de libros, productores de música, videos, DVD's y otros recursos y productos para niños cristianos.** Esto implica el educar a propietarios de librerías cristianas, productores de programas de televisión, directores de escuelas bíblicas y universidades, centros de capacitación y entrenamiento. Así mismo, a misioneros y sembradores de iglesias, y a cualquier persona que tenga que ver con el entrenamiento de líderes cristianos. Todos necesitamos cambiar radicalmente la manera de pensar y de actuar, si hemos de efectuar un cambio en el rostro del ministerio de niños, y así revertir la tendencia actual de la salida masiva de los jóvenes por la puerta trasera de la iglesia.

¿En realidad funciona?

El primer grupo de niños que pastoreé estuvo bajo mi tutela durante ocho años. Aunque en aquel entonces era joven e inexperta en el ministerio de niños, me aventuré a enseñarles todo lo que describo en este libro, de la mejor manera que pude. Muchas de las historias que he incluido son de esos primeros días.

El pastor de jóvenes de la iglesia me decía que, al pasar de los años, notaba que cada grupo de niños que recibía en el departamento de jóvenes era mucho más fuerte espiritualmente que el anterior. Muchos años después de haber salido yo de esa iglesia, varias personas que aún asistían me dijeron que del último grupo de mis niños, que en ese momento se estaba graduando de preparatoria, el líder de jóvenes les había dicho que mientras mis niños habían estado en su grupo, habían experimentado avivamiento y crecimiento, y que esos muchachos estaban "prendidos". Entonces añadió un comentario interesante. Dijo que los niños que habían llegado después del último grupo mío, y que no habían estado en mi ministerio, eran todo lo opuesto.

Así que, si la pregunta es, ¿funciona? sólo puedo hablar de mi experiencia personal y decir inequívocamente, ¡Sí!

Con toda confianza puedo profetizar que si hacemos todas estas cosas, definitivamente vamos a redefinir el ministerio infantil del siglo veintiuno y de los subsiguientes años, provocando cambios radicales en el cuerpo de Cristo en muchos aspectos. Vamos a contribuir al deseo de Cristo, que aun no vemos cumplido, de reunir a todos sus hijos del mundo y dirigirlos hacia Él. Entonces, la iglesia será infinitamente más fuerte y más poderosa que jamás en la historia.

¡Levántate!, grita por las noches, grita hora tras hora;
vacía tu corazón delante del SEÑOR, déjalo
que corra como el agua; dirige a él tus manos
suplicantes y ruega [en oración] por la vida
de tus niños, que en las esquinas de las calles mueren
por falta de alimento [Espiritual]*.
Lamentaciones 2:19 DHH

*[Inserción mía]

Becky Fischer

Fundadora y Directora

Kids in Ministry International

PowerClubs

Acerca de la autora

Becky Fischer, es pastora de niños desde 1991. Recibió a Jesús como su Salvador y la unción del Espíritu Santo cuando aún era muy pequeña. Sabe de primera mano, que los niños pueden ser tocados y usados por Dios. Antes de responder al llamado de tiempo completo al ministerio, se dedicó a los negocios por 23 años. Administró por diez años dos negocios familiares — un motel de 107 habitaciones, y una estación de radio FM DE 100,000 watt, en Syndey , Montana. Posteriormente durante diez años dirigió su propio negocio de diseño y fabricación de rótulos *Signs & Wonders* en Bismarck, ND.

Becky fue pastora de niños en la iglesia Word of Faith y Outreach Center en Bismark, ND, por diez años antes de integrarse a Tasch Ministries International (Fellowship church), en Carolina del Northe . Ministerio que ha llevado a viajes misioneros hasta 700 niños y niñas en Wilkesboro, NC. Trabajó medio tiempo para el departamento de MorningStar como diseñadora gráfica y fue autora en forma regular para MorningStar Journal.

Como fundadora y directora de Kids in Ministry International (KIMI), Becky ha entrenado a miles de líderes y ministros de niños a través de conferencias, escuelas Bíblicas, viajes misioneros, predicaciones en iglesias y con materiales que produce. Es autora de un serie de seis programas dinámicos para niños de 6 a 12 años y Preescolares. Así como del libro que rompe el paradigma del ministerio de niños, *Redefiniendo el Ministerio de Niños del Siglo 21.* También es fundadora y directora del Instituto, *Leading the Lambs to the Lion*, un centro único para entrenar a adultos en el modelo por el que KIMI es reconocido mundialmente

Becky aparece frecuentemente en TV y radio en Estados Unidos por su participación en el documental nominado al Oscar de la academia: *Jesus Camp* (Campamento de Jesús), y fue una de los siete ministros de niños invitados a hablar en los talleres del 100 aniversario de Azusa Street en el 2005 en Los Ángeles California.

Notas

Capítulo Uno

1. *Real Teens,* Gorge Barna, Regal Books, CA, copyright© 2001, pg 136
2. *Encyclopedia of Religion and Society,* Dr. William H. Swatos, Religious Education, Hartford Institute for Religion Research, Hartford Seminary, 77 Sherman Street, Hartford, CT 06105
3. *Transforming Children into Spiritual Champions,* (Transformando Niños en campeones Espirituales) George Barna, copyright© 2003, Issachar Resources, Ventura, CA, pg 41
4. Reimpreso con permiso de Ministries Today, May/June 2004 copyright Strang Communicatins, Co., USA. Todos los derechos reservados. http: www.ministriestoday.com
5. *Transforming Children into Spiritual Champions,* (Transformando Niños en campeones Espirituales) George Barna, copyright© 2003, Issachar Resources, Ventura, CA, pg 65
6. *Let the Children Pray*, (Deje orar a los niños) copyright© 2000, Regal Books, Ventura, CA, pg 41

Capítulo Dos

1. *Transforming Children into Spiritual Champions,* (Transformando Niños en campeones Espirituales) George Barna, copyright©
2. *Kids Making a Difference* (Los Niños haciendo la diferencia), copyright© 2004, Emai: petehohmann@cs.com or call (804)7464303
3. Definición para "tweener": Término moderno para los niños entre 8 y 12 años en Inglés.
4. *Children Aflame,* David Walters, copyright© 1995, Faith Printing Co. pg 40
5. *Real Teens,* Gorge Barna, Regal Books, CA, copyright© 2001, pg 115-116

Capítulo Cuatro

1. *Teaching Cross-Cultutally,* Judith . Lingenfelter, Sherwood G. Lingenfelter, Baker Academic, Gran Rapids, MI,© 2003. pg 27

Capítulo Cinco

1. *¡Eli! ¡Eli!¡ Te estoy llamando al Ministerio de Niños!,*Pamela Ayres, Hansel & Gretel Ministries, copyright©2003, Moravian Falls, NC

Capítulo Seis

1. *Transforming Children into Spiritual Champions,* (Transformando Niños en Campeones Espirituales) George Barna, copyright©2003, Issachar Resources, Ventura, CA, pg 111
2. Ib., pg 111
3. Ib., pg 111
4. Ib., pg 109
5. Ib., pg 110

Recursos bibliográficos para Padres:

Raising a Forerunner Generation (Levantando una Generación percursora, Lelonie Hibberd, Kingsgate Publishing, 1000 Pannell St., suite G. Columbia, MO 65201

Spiritually Parenting Your Preschooler (Educando Espiritualmente a tus preescolares); C. Hope Flinchbaugh, Charisma House, 600 Rinehart Road, Lake Mary, FL 32746

An Introduction to Family Nights, (Una introducción a noches familiars), Jim Weidmann & Kuyrt Bruner, Cook Communications Ministries, 4050 Lee Vance View, Colorado Springs, CO 80918

Parent's Guide to the Spiritual Growth of Children (Guía para Padres para el Crecimiento Espiritual de los Niños), Enfocado en la familia, Colorado Springs, CO 80995

Capítulo Nueve

1. *Ten Reasons Why Every Believer Should Speak in Tongues (Diez razones por las cuales todo Creyente debería hablar en Lenguas)*Kenneth E. Hagin, Kenneth Hagin Ministries, PO Box 50126, Tulsa, OK 74150-0126

Capítulo Doce

1. **2204** { zaw-kane'} *Raíz de la palabra Viejo – Old*
   2206 zaqan { zaw-kawn'} *Raíz de la palabra Desafiar – Beard*
2. *Let the Children Pray*, (Deje orar a los niños) copyright© 2000, Regal Books, Ventura, CA, pg 135
3. Ib., pg 37

Visite las páginas Web de: PrayKids: http:www.navpress.com/Magazines/praykids!Presidential Prayer for Kids, o
www.pptkids.org

Contacta a Kids in Ministry International para adquirir los siguientes recursos, visitando nuestra tienda en línea en: www.kidsniministry.com o llamando a: 701-2586786

Libros: When Children Pray, Cheri Fuller
Let the Children Pray, Esther Ilnisky
Teaching your Child How to Pray, Rick Osborne
Video: ¡It's Time! Jane Mackie,
CDs: Children and Listening Prayer, Kathleen Trock
Training Children in Prayer, Carol Koch

(Todos los recursos en esta página se encuentran únicamente en Inglés)

Capítulo Catorce

1. *Transforming Children into Spiritual Champions,* (Transformando Niños en campeones Espirituales) George Barna, copyright© 2003 Pg 68
2. *The Harvest,* Rick Joyner, copyright© 1993, Whitaker House, New Kensington, PA, pa 34, extractos usados con permiso. Para mayor información: www.morningstarministries.org

Capítulo Quince

1. *How to Touch a Lepe (Cómo tocar a un Leproso)* Paul R. Olson, copyright© 1986 Pg 85
2. *Let the Children Pray*, (Deje orar a los niños) copyright© 2000, Regal Books, Ventura, CA, pg 36

Capítulo Dieciséis

1. *Let the Children Pray*, (Deje orar a los niños) copyright© 2000, Regal Books, Ventura, CA, pg 45

NOTA: Los libros descritos en estas notas, fueron leídos en el idioma inglés, y muchos de ellos no se encuentran en español; la traducción del nombre fue dado por la traductora de este libro únicamente para fines informativos.

¡For fin! ¡Algo profundo para niños!
Programas para iglesias de niños

Escritos por Becky Fischer

Para niños de 6 a 12 años y Preescolares

(Escuela dominical, Iglesia infantil, células o clubes de niños)

Nuestro Dios increíble

Diecisiete lecciones que cubren los fundamentos Bíblicos más importantes como: la trinidad, la salvación, el bautismo en Agua, el bautismo en el Espíritu Santo, Cuerpo–Alma–Espíritu, etc. ¡Nunca has enseñados de esta manera tan divertida los temas que aquí presentamos!

Escuchando la voz de Dios

Un curso en ***Doce lecciones*** increíblemente fácil de entender que te ayudan a enseñar a los niños a cómo escuchar la voz de Dios, ser guiados por el Espíritu Santo, así como empezar a operar en lo profético. ¡Hasta los adultos dicen que aprendieron con esta serie!

La gran comisión

Un curso en ***Doce lecciones*** que te llevan a tomar ventaja de la tendencia natural de los niños a evangelizar, enseñándoles lo que la Biblia dice acerca de ganar a las almas perdidas. También incluye un efectivo manual de entrenamiento para activar a tus niños en evangelismo en su diario vivir; en la escuela, el club, o parque.

La Oración Efectiva

La oración es comunicación con Dios. Enganchar a tus niños la idea de que hay mucho más de la oración de lo que hubieran podido imaginar. Se trata de una parte de la historia continua de la relación de Dios con la humanidad.

Para mayores informes visita:

www.kidsinministry.org,

kidsinministry@yahoo.com

La Sangre de Jesús No. 4

Doce lecciones fácil de entender que te ayudan a enseñar el poder que hay en la sangre de Jesús; así como a descubrir la conexión que existe desde Génesis hasta Apocalipsis sobre el poder y misterio de la sangre de Jesucristo y cómo aplicarlo a sus vida el día de hoy. Es para niños, ¡pero a los adultos les encanta!

Jesús Nuestro Sanador No. 5

Trece lecciones muy fácil de entender que te ayudan a enseñar a los niños: Quién es el gran Médico, El por qué de las enfermedades, ¿cómo esperar un Milagro?, Qué significa CREER, realmente, El Secreto del Ministerio de Sanidad de Jesús. Cómo entrenar a tus niños en el ministerio de Sanidad igual que Jesús lo hizo. ¡Hasta los adultos dicen que aprendieron con esta serie!

Preescolares en su presencia

104 Mini poderosos lecciones en ocho categorías que te ayudarán a llevar a los pequeñines a conocer a Dios y entrar a su maravilloso mundo. No hay límite de edad en qué tan pequeñitos pueden los niños aprender a orar, adorar, sanar al enfermo y ser llenos del Espíritu Santo. Este programa está diseñado para que sea complemento de tu programa tradicional de escuela dominical, te enriquece con actividades para llevar a los niños a su experiencia espiritual en áreas fundamentales de su caminar cristiano.

Instruye al Niño en el Camino

13 lecciones fundamentales para el inicio de una vida cristiana. Contiene las principales lecciones de los programas de KIMI para ayudarte a establecer fundamentos bíblicos en tus niños. Este programa está diseñado para iniciar tu PowerClub, es ideal para padres que quieren instruir correctamente a sus niños y no saben cómo empezar.

Para mayores informes visita:
www.kidsinministry.org,
kidsinministry@yahoo.com

Made in the USA
Middletown, DE
14 August 2019